人は感情でモノを買う

マーケター
伊勢隆一郎

WHY DOES THE CUSTOMER
BUY A PRODUCT FOR FEELINGS ?

フォレスト出版

はじめに――今日もネットの向こう側にいるお客さまと話をする

顔も知らないお客さまから信頼されるビジネス

「ビジネスについて何も知らなかった私が、独立開業できました！」

「広告を出したその日に、お問い合わせの電話が3件ありました！」

「無謀と言われていた『売上5倍』の目標が達成できました！」

「伊勢さんに救われました。本当にありがとうございます……」


起業を支援するビジネススクールをやっている私のメールボックスには、そんなビジネス上の成果報告とともに感謝の言葉が次々に届きます。

それだけなら、「よくある話」に聞こえるかもしれません。

でも、特徴的なのは、感謝のメールの中にこんな内容が多く見られることです。

「伊勢さんからのメールを読み、まさに自分が言いたかったことが書いてあったので、感激して涙が出てきてしまいました」

「私はこれまで、さまざまなセミナーやネット上の講座を受講してきました。参考になることはたくさんあったけれど、伊勢さんのように私のことをわかってくれると思ったことはありませんでした」

「自分自身でさえ気づいていなかったことを、伊勢さんがわかってくれていたので不思議な気持ちです」

――伊勢さんは自分をわかってくれている。

大勢の方がそんな信頼を寄せてくれていることに、あたたかな気持ちになると同時に、その信頼を裏切らないようにしなければと背筋が伸びる思いです。

そんなメールをくださった方の顔を、１人ひとり思い浮かべたいところですが、実はほとんどの人と顔を合わせたことがありません。

なんとなく、こんな人だろうとイメージはしています。でも、実際に顔を見たことはないのです。

私が2012年からやっている「K2アカデミー」というビジネススクールは、インターネットを使った通信教育形式の学校です。仲間同士がリアルの場で集まるイベントも頻繁に行っているものの、基本的には世界中どこにいても、ネット環境さえあれば学べるようにしています。そして、この学校では2年間で延べ1000人以上の方に学んでいただきました。

K2アカデミーの1つの大きな特徴は、生徒1人ひとりの状況に合わせて少しずつ階段を設定していることです。つまずくポイントは人それぞれ違いますし、実際に動くには正しいやり方を教えるだけではダメなのです。1人ひとりの生徒がいまどんなことで悩み、何に迷っているのか。どうしたいと思っているのか。しっかりコミュニケーションをとりながら、前に進めるようにしています。

そういう意味では、「自分をわかってくれている」といった内容のメールが届くのは不思議でないかもしれません。ただ、この学校へ入学を希望する人たちは、ネットを通じて初めて出会う人でありながら、実は入学する前からすでに大きな信頼を寄せてくれているのです。

12時間で5億円を売上げた秘密

K2アカデミーの背景には、私がこれまでやってきたインターネットビジネスでの成功があります。

1つのわかりやすい成果が、「12時間で5億円の売上」です。

2009年、「ネットビジネス成功のメソッド」の通信講座は発売から12時間で5億円を超える申し込みをいただきました。これはネット界ではインパクトがあったようで、私の名前は広く知られるようになりました。

そして、時間にも場所にもお金にも縛られない自由な働き方を手に入れたことは、前著『お金と時間と場所に縛られず、僕らは自由に働くことができる。』（フォレスト出版刊）に書いた通りです。

私のように自由なライフスタイルを送りたい、自分でビジネスを立ち上げて成功させたい、何事かにチャレンジし、成し遂げたい……といった人たちに、自分が学んできたこと、手に入れたスキルを使って還元したいと思い、本を出版したあとにK2アカデミーを作りました。

継続的に学ぶ学校というスタイルは私にとって新たなチャレンジでしたが、私自身の基本的な姿勢、お客さまに対するあり方はこれまでと変わっていません。

そもそも、なぜ顔も知らない何千人もの人が私にお金を払うのでしょうか？

ひと言で言えば、お客さまとのコミュニケーションによって「売れる商品」を作り、かつ、「あなたから買いたい」と思ってもらえるような信頼関係を、商品を発売する前に築いているからです。

「12時間で5億円の売上」について少し具体的に言いましょう。

このときにやったことと言えば、ブログの読者に向けてコンテンツを無料で提供して、感想をもらったりアンケートに答えてもらったりしながらコミュニケーションを深めることでした。もちろん、ただ聞くだけではなく商品には見込み客の悩みや要望を反映させていきます。そして、最初に設定していた一定の期間が過ぎたら、満を持して商品をリリースするのです。

私はこの方法を「プロモーション」と言っています。

ものすごく効果があるので、たくさんの人が無料のオファーでリスト（メールアドレスなど）を集め、集めたリスト（見込み客）に商品を販売しています。いまではマーケティング手法の1つとして知られていますので、あなたもどこかで見たことがあるかもしれません。


しかし私の場合、こうした手法の成功のカギは、**「人の感情を引き出すコミュニケーション」**だったことを強調しておきたいと思います。

ネット上でコミュニケーションすることは難しい

新規のお客さまを開拓して関係を作っていくことにしろ、商品の価値を伝える広告を作ったり商品を提供するためのプロジェクトを管理したりすることにしろ、ビジネスにおいてもすべては人と人とのコミュニケーションです。

ビジネスのあらゆる行程で「いま何をしているのですか？」と聞かれたら、「コミュニケーションです」と答えてもいいくらいです。

インターネットを使ったビジネスは、お客さまと直接顔を合わせることなく完結することが多くありますが、コミュニケーションという点においては、ほかのビジネスとなんら変わることはありません。

ただ、ネット上でのコミュニケーションは難しい面があります。直接会って話をすれば、表情や声のトーン、ジェスチャーなどから相手の感情を知ることができますが、文字だけの情報ではなかなかわかりません。

たとえば、ある成功に対する「よかったね」という文字も、その言葉の意味とは裏腹に怒っているのかもしれないし、「バカだなぁ」という言葉がやさしさあふれる表現にもなることは、みなさんもよくご存じでしょう。

だから、メールには顔文字を使って表情を入れたり、（笑）（怒）のような感情を文字化して入れたりしています。

それでも、微妙なニュアンスは伝わりづらく、誤解を生んでしまった経験のある人は多いのではないでしょうか。

すでに知っている人とでもそうなのですから、相手がまったく知らない人の場合は言わずもがな。そもそも、見知らぬ人にネット上でいくら一生懸命話しかけたって、スルーされることがほとんどで、相手の本当の感情がわかるほどやりとりができることは滅多にありません。顔を突き合わせていれば、無視を決め込むことはなかなかできないかもしれませんが、ネットなら罪悪感もないでしょう。

こちらの投げかけに対する返答の感情がわかりにくい……どころか、返答をもらうことがそもそも難しいわけです。

そんな環境でも、私はお客さまの感情を引き出し、コミュニケーションしながら信頼関係を築いてきました。冒頭でお話ししたように、「伊勢さんは自分をわかってくれる」と言ってもらえるのは、相手の感情に共感しているからです。

これができるようになって、私のビジネスは驚くほどうまく回るようになりました。たくさんの人に感謝され、好きな人と好きな場所で仕事をすることができるようになりました。私のためなら何でもしてやろう、何かあったら助けてやろうと言ってくれる人も増えていきました。

収入の面だけ見ても、起業して最初の1年半は収入ゼロでニート状態だった私（このあたりの話は前著に詳しく書きました）が、億を稼ぐようになったのですから、我ながら驚きです。それだけ、お客さまの感情に共感することの威力がすごいということですし、同時に、いかに多くの人が共感できていないかを示していると言えます。

お客さまの感情を引き出して共感するだけで、商品はどんどん売れます。「あなたほど信頼できる人はいない」と喜ばれ、感謝されます。なんと幸せなことでしょうか。まさに、経済的自由と精神的充実を手に入れることができるのです。

私はこのコミュニケーションのスキルを**「究極の理解」**と名づけました。

「究極の理解」を手に入れれば、ネットの向こう側の人の感情さえ手に取るようにわかるようになります。対面であればもっと簡単です。一瞬にして信頼関係を築くことができてしまいます。小さな声で言いますが、好みの異性にモテモテになることだって簡単でしょう。

人の感情を引き出すことで、あなたのビジネスが変わる

いまはネットを通じて初めて出会った相手のことであっても、感情を読み解き、す

ぐに信頼してもらうことができるようになっていますが、私自身は昔からコミュニケーションが得意だったわけではありません。むしろ、苦手でした。人がわからない、人が怖いといった感覚を人一倍持っていたように思います。

学生時代なんて友達も少なく、授業中よく寝たフリをしていました。寝ていれば人と関わらなくてすむし、「たまたま寝ちゃっているから友達とふざけたりしゃべったりしていないだけ」という体でいられてカッコ悪くないからです。

寝たフリをしていたらそのまま寝てしまい、ハっと気づいて周りを見たらもう次の授業でみんな教室を移動しており、全然知らない人たちがいたのでもう寝たフリを続けるしかない、なんていうこともありました。

そんな私をよく知っている人からすると、いま私がビジネススクールで人の感情やコミュニケーションを教えているなんて信じられないようです。

ですが、コミュニケーションが苦手だったからこそ、悩んでいたからこそ、学ぶほど吸収していったのです。ほかの人よりも大きなスポンジを持っていて、学んだことがグングン入っていったのでしょう。

どうやって学んだかと言えば、ビジネスを通じてです。

私にコピーライティングやマーケティングを教えてくれた平秀信先生や平先生のメンターであるミスターX（仙人さん）が「ビジネスを伸ばすには人を知ることだ」と言っていたこともあり、私は人間心理について勉強しました。そして、学んだことをビジネスの中で実践していきました。勉強・実践の繰り返しの中で、コミュニケーションのスキルを上げていったのです。

ですから、「究極の理解」は、コミュニケーションが苦手な人でも、いまお客さまがゼロでビジネスをやったことがない人でも、誰でも手に入れることができるスキルです。

誰でも手に入れることができ、かつ、恐ろしいほどの効果があるのです。

しかし、本を読んで考え方はわかったけれど、実際にどう使ったらいいのか？　それがわからなければ宝の持ち腐れとなってしまいます。

そこで、この本ではとくに、実際のビジネスの場面で具体的にどのように使うのかを、いま本当に効果のあるマーケティング・テクニックを加えながら紹介します。どれか1つでも実践してもらえれば、成果が出て喜びになり、さらにスキルが上がっていく……という上昇スパイラルに入っていくことでしょう。

また、各章の最後に「実践問題」として、このスキルを高めるためのトレーニングをしてもらうページを設けました。

安心してください。難しいことはありません。これまでさまざまな成功法則やテクニックを実践しようとして挫折《ざせつ》した人も大丈夫です。

それではさっそく、人の感情を引き出すことで、あなたの人生を劇的に変えるプロジェクトを始めましょう。

伊勢　隆一郎

人は感情でモノを買う ● 目次

第1章 「お客さまを理解する」ということを本当に理解しているか？

第2章　お客さまの本当の感情にフォーカスするために必要なこと

第3章　お客さまの「本当の感情」を引き出すトリガー

第4章 人の感情を見抜くために必要なマーケティング

第5章 「究極の理解」スキルをさらに高める習慣

第1章

「お客さまを理解する」ということを本当に理解しているか？

ビジネスで必ずと言っていいほどつまずいてしまう6つの理由

セミナー等で出会った人やスクールの生徒さんを見ていると、起業してつまずく原因はさまざまあるのですが、いくつかのパターンがあることがわかります。

それは、起業したての人だけでなく、小規模なビジネスをやっている人にも共通しています。ひょっとするとこの本をお読みのあなたも、「うんうん、そうなんだよなぁ」と共感するところがあるかもしれません。

この章ではまず、ビジネス上のよくあるつまずきから、その原因を考えてみたいと思います。

その1　絶対にいい商品だから売れるはずと信じて疑わない

「これは素晴らしい商品だから、間違いなく売れると思ったんです。だって、巷《ちまた》で売れている類似商品よりも、はるかに素敵なんですよ！　私だったら絶対こっちの商品を買います……それなのに、なぜ売れないんでしょう？」

こんなふうに言う人がいます。「絶対いい商品なのに！」と。

一生懸命商品の説明をして、営業をして、頑張っているのに売れないから、次第に疲れてきて「時代がまだ追いついてないのかな」「この商品の良さがわかるセンスのある人がなかなかいない」などと時代やお客さまのせいにし始めます。

周囲の人も「売れそうだね」「うまくいったらぜひ一緒にやろう」なんて無責任に言ったりするものだから、「わかってくれないお客さまが悪い」と思い始めるのです。

本当にいい商品なら、もちろん売る手立てはあります。

デザインやネーミングを変えたらいいのかもしれないし、ネットをもっとうまく活用したらいいのかもしれません。

ただ、根本的な原因に気づいていないかぎり、あれこれマーケティングのテクニックを駆使してもうまくいくものではありません。

そういう人にはまず考えてもらいたいのですが、その商品は**「誰にとって絶対にいい」**のでしょうか？

商品がいいか悪いかは、お客さまが決めます。売り手がいくらいいと言ってもダメなのです。

ＩＴ業界の友人に聞いた話では、「このサービスは今までにないし、面白いから絶対に売れるぞ！」と思って新しいＷＥＢサービスを開発したエンジニアが独立起業しても、うまくいかないケースがほとんどだそうです。作った本人は「絶対いい！」と思っているのですが、お客さまが不在なのです。

要するに、「売りたいものを売っている」のです。

商品に「思い入れ」があるのはいいことですが、「思い込み」ではいけません。お客さまがいいと言ってくれないかぎり、売れないのは当たり前です。

その２ ファンを作ろうとして自分のことを語りすぎる

売り手である自分のことをまずは知ってもらいたい。

ブログやフェイスブックなどのＳＮＳを見ていても、そう思って情報発信している人がいかに多いかを感じます。商品を販売しているホームページですらそうです。

自分がどんな人間か写真とともにプロフィールを載せ、ビジネスに対する想いや夢の話からプライベートまで、自分を語って晒《さら》して、ファンを作ろうとしています。

「商品のことばかり情報発信すると、『売りたい！』という気持ちが前面に出ているようで嫌われます。まずは自分を好きになってもらって、それから商品の話をしたほうがいいと思うんです」

それは間違いではありません。

商品を売る前に、売り手である自分を信頼してもらう必要があります。でも、いっこうにお客さまが増えない、ファンが増えないというのであれば、その前にやるべき重要なことが抜けているのです。

それは、**お客さまを考えること**です。

私はよく「スポットライトの法則」の話をします。

ビジネスという舞台を考えたとき、登場人物は「あなた」「会社・社員」「商品」「お客さま」の４人。このうち、もっともスポットライトが当たっているのは誰だろうか、という話です。

お客さまにスポットライトを当てているなら、ビジネスはうまくいくはずです。ところが、多くの人はお客さま以外にスポットライトを当てているのです。

これはホームページや社長インタビューの記事などを読んでもよくわかります。一見、お客さまの話をしているようでも、自分にスポットライトを当てている人。会社や社員に当てている人。商品に当てている人。それは微妙な表現の差となって、読み手には伝わっています。

「おいおい、自慢ですか？」とツッコミを入れたくなったり、「そこまで商品の説明してもらう必要ないよ」と言いたくなったりするのは、スポットライトがお客さま以外に当たっているからです。

まだ関係の築かれていない新規のお客さまにとっては、ハッキリ言ってあなたがどんな人であろうと知ったことじゃありません。商品もしかり、会社もしかりです。興味があるのは、お客さま自身（自分自身）のことです。

お客さまにとっては、**「どのようにあなたが、あなたの商品が、あなたの会社が私の欲を満たし、私の悩みを解決してくれるのか？」**が重要なのです。

これを忘れないようにしないと、「自分を信頼してもらうため」と言っても、自分大好きナルシストだと思われてしまいます。

その３　誠実に伝えるためには絶対に煽ってはいけない

「煽《あお》りたくない」という人にもよく会います。

セールスレターなどで読み手の感情を動かし、たたみかけるようにして商品を売るのは良くない、と考えている人です。

その気持ちはよくわかります。

一時期、セールスライティングで煽るテクニックが流行しましたし、お客さまの気持ちに寄り添うことなく、テクニックだけで感情を煽って売るような文章が氾濫《はんらん》しました。そういったものを見て、不快になった経験があるのでしょう。だから、自分はそういう手法は使わない。そう考えるのも当然だと思います。

もちろん、テクニックだけで感情を煽るようなことはやってほしくありません。お客さまに対して誠実に伝えようとするのはいいことです。

ただ、「煽りたくない」という人のホームページなどを見てみると、商品の説明が足りていないことがほとんどです。読み手が不快にならないようにと思うあまり、商品の説明すらしていないのです。

商品について100伝える努力をしなくてはなりません。それをしていないのですから、相手に商品のことが理解されるわけがありません。

お客さまの期待を上げすぎてしまって、商品が「思ったほどよくない」と言われるのが怖いという気持ちも透けて見えます。

そして、もう1つ忘れてはならない重要なことがあります。**人は感情が動かなければ行動しない**ということです。

人はいくら「これを買うことはこういう理由で合理的ですよ」と言われたところでなかなか財布を開きませんが、たとえ非合理的であっても感情が動けばお金を払うのです。これは行動経済学でも言われていることです。

コピーライティングを説明するときによく引き合いに出される話があります。ユーチューブで2000万回以上のPVがある「言葉の力（The Power of Words)」というストーリーです。

舞台は外国。路上で目の見えない男がお金を物乞いしていました。コインを入れてもらう缶の横の段ボール紙に掲げられていた言葉は、「私は目が見えません、どうぞお恵みを（I'M BLIND PLEASE HELP）」というものでした。しかし、通りすがりの人たちがコインを投げ入れてくれることはほとんどありませんでした。

そこにある女性が通りすがります。彼女はコインを投げ入れる代わりに、そこに書かれた段ボールを裏返し、そこに言葉を書き添えました。すると、通り過ぎる人の誰もが、男の前にお金を置いていくのです。男の置いていた缶はコインでいっぱいになりました。

彼女が書き残して行ったもの、それは「素晴らしい１日です。でも私はそれを見ることができません（IT'S A BEAUTIFUL DAY AND I CAN'T SEE IT）」という言葉だったのです。

目が見えないという事実を伝えるだけだった言葉を、感情に訴える言葉に変えたわけです。

こうした例はいくらでもあります。相手に行動してほしかったら、感情に訴えなければなりません。

「テクニックのみで煽る」のはやってはいけないけれど、「お客さまの感情を動かす」努力はしなくてはならないということです。

その4 営業メールは無視されるだけだから意味がない

飛び込み営業や営業電話のように旧来の手法でなくても、ビジネスをするうえで「営業」は避けて通れません。

たとえばホームページを作っても、ただそこにあるだけでは誰にも見てもらえません。それを知ってもらうための努力をする必要があります。

だからと言って、フェイスブックで見知らぬ人に、いっせいに「私はこういうことをやっています。よかったら見にきてください！　URL～」なんてやっていると効果がないどころかスパム報告をされてしまうでしょう。

そこで、多くの人がなるべく相手に合わせたメッセージを考えて送るようにします。

たとえば、相手のページをざっと見てみたら、ジャズが好きであるらしいということがわかったとします。そして、こんなメッセージを送ります。

「はじめまして！　プロフィールを見て気になったのでメッセージしました。ジャズがお好きなんですね！　私もたまにコンサートに行きます。私はやりたいことが見つからない人に本当の夢を見つけてもらうセミナーを開催している者です。よろしければこちらのページを見てみてください。ＵＲＬ～」

返事はきません。

ちょっと極端かもしれませんが、私もこれと似たようなメールをしょっちゅう見かけます。しかし、これでは相手に合わせたことになっていません。自分がメールを受け取った側だとして考えてみればすぐにわかるはずです。

「私がジャズが好きだからって、私の夢とどう関係してるの？」と思われるだけでしょう。

相手のページを見て言葉を考えるというひと手間はかけているので、営業している気になります。でも、頑張っているのに返事がこないから、だんだんイヤになってきます。

「返事がもらえないってやっぱり傷つく。だから営業メールは送りたくない」と考えてしまうのです。

メールを送る相手は少なからずあなたの商品に興味を持ちそうな人であるはずです。
つまり、あなたが相手の役に立てる可能性があるということです。そうであるなら、純粋に**「この人の役に立ちたい」「喜んでもらいたい」**と思いながらメールを書けばいいのです。

いきなり商品で役に立つのでなくても、何かしら喜んでもらえるポイントを見つけることはできます。

「ジャズがお好きなんですね！　すでにご存じかもしれませんが、ジャズの動画が無料で見られる○○というサイトがあって、私はときどき見ながら仕事をしています」

そんなふうにこちらから情報を教えてあげるのでなくても、

「私は最近ジャズに興味が出て、いろいろ聞いてみたいと思っているのですが、初心者におすすめのアルバムはありますか？」

と、教えを乞うのもありです。一家言ある人なら、喜んで教えてくれるでしょう。

もちろん、教えてもらったらそのままにせず、実際に聞いて感想を送るなどすることが大切です。人は自分がアドバイスしたことが役に立ったとわかったとき、とてもうれしくなるものです。

「この人の役に立ちたい」という思いで相手のページを見れば、自然とかける言葉が出てくるし、返事がもらえる確率はぐっと上がります。

さらに言うと、「この人の役に立ちたい」と思って送ったメールなら、返事がこなくても傷つきません。傷つくのは、自分が否定された気になるからです。「自分を認めて！」というメールを送っているから、それが無視されると傷つくのです。

……とあえて強めに言ってしまいましたが、人間なのでやはり落ち込むこともありますよね。それはそれでいいのです。大切なのは、営業メールも「自分を認めて！」ではなく、「相手の役に立ちたい」という思いで書くということです。

メールの話をしましたが、これはリアルの営業でも同じです。

その５　ブランディングを確立することこそ成功の近道

自分をブランディング、商品をブランディング、会社をブランディング……。

多くの人は「ブランディング」が大好きのようです。

ルイ・ヴィトン、スターバックス、アップルのように誰もが知っているブランドにあこがれ、「あんなふうに愛される自分（商品、会社）になりたい！」と思うのは当然でしょう。こういったブランドは実際カッコイイし、新商品を出せば売れるというくらいお客さまに信頼されていますから、もしかしたら商売もラクなのではないかと感じます。

「いつかはあの有名ブランドのように」と考えるのはいいのですが、いま無名の私たちがマネをするべきではありません。

夏の太陽のもと、若者が集まって汗をきらめかせ、赤い缶の飲み物をプシュッと開けて泡がはじけるようなコマーシャルは、コカ・コーラだから効果があるのであって、無名の飲料だったら「なんだあの飲み物は」と思われてしまいます。無名の飲料は、イメージ広告をするのではなく、お客さまの何をどう解決するのか、きちんと説明をしなければなりません。

有名ブランドは、長い時間をかけて築いてきたからこその信頼があり、資本も豊富にあります。

しかし、まだ信頼もなく資本もない人がビジネスを始めるなら、お客さまとのコミュニケーションをベースにするしかありません。

たとえばお寿司屋さんを始めるとしたら、銀座の高級寿司店にはなれないし、薄利多売の回転寿司もできない。でも、銀座の高級寿司店は敷居が高いけれど、居心地がよくおいしい寿司を食べられる「行きつけの店」を持ちたいという人のニーズには応えられます。そこには、お客さまと店の「いい関係」があるわけです。

「あ、○○さん、いらっしゃい」

「大将、今日はどんなネタある？」

このような感じで、コミュニケーションによって愛される店にしていくしかありません。

つまり、**一番時間をかけるべきなのは人間関係を作ること**。イメージ広告はブランド力がないのですからダメなのはもちろん、一方向の情報を発信するだけでもダメなのです。出会う部分は頑張っても、そのあとの関係構築をサボっている人が多いと感じます。

ブランドとは、信頼の証です。いきなり有名ブランドになることはできませんが、コミュニケーションによってお客さまにとってのブランドになることができるのです。

その6 人にお願いできないので、自分ひとりで頑張るしかない

起業して間もない人や1人ビジネスをやっている人が陥りがちな問題に、「忙しすぎて余裕がない」というものがあります。

お客さまが増えすぎて、儲かって仕方がない！　というわけではないのにです。

むしろ、売上を上げるためにやるべきことすら手が回らず、思い描いていた成功とはほど遠い状態。そうなればお客さまとのコミュニケーションも雑になり、売上は下がっていってしまいます。

やたらと忙しいのは、全部自分でやろうとしているのが原因です。

1人でビジネスを始めたら、それこそ名刺やパンフレットを作ることから請求書の発行や売上金の管理まで、本当にたくさんやることがあります。

じゃあ会計を勉強しなきゃ、デザインを勉強しなきゃということになるわけです。

勉強すること自体悪くはありませんが、全部自分でやる必要はありません。苦手なことに時間を取られて、自分が得意なことをやる時間がなくなったら本末転倒です。

苦手なこともすべて自分でやろうとするのは、その時点でかなり成功確率が下がっていると言えます。

「でも、人にお願いするにもお金がないんです」

そう言う人がいるのですが、価値の返し方はお金だけではありません。人に助けてもらったら、その人が喜ぶことをしてあげればいいのです。

たとえば大きなイベントをするとしましょう。イベント運営には人手が必要です。受付や会場の設営・管理、司会など、とても1人ではできませんから、人に頼むことになります。このとき、お金で人を雇ってもいいのですが、成功のスピードが速い人はそうしません。イベント運営の機会そのものを喜んでくれる人に依頼したり、自分のスキルを提供したり、とにかくお金ではない価値のお返しをしながら味方につけて、イベントを成功させてしまうのです。

このようなときに必要なのは、**相手が何を喜んでくれるか知っていること**です。当然ですが、相手がいらないものを押しつけても、価値の交換になりません。

私の友人の村上さんは、家賃10万円のマンションになんと家賃1万5000円で住むことができました。なぜならば、そのマンションの空室を埋めるためのチラシを作ってあげたからです。村上さんの作ったチラシは、大家さんにとって大きな価値があったわけです。

成功する人は、人にお願いするのが上手です。

お願いしながら人を味方につけて仲間を増やし、得意なことに注力していきます。得意なことを頑張っているからストレスも少なく、時間的にも精神的にも余裕が出ます。そうすれば、お客さまとのコミュニケーションという大事な部分も丁寧にできるのです。


いかがでしたか?

多くの人が商品が売れず、つまずいてしまうパターンを紹介してきましたが、これらの問題の根っこにはある1つの原因がひそんでいます。

実は、原因のすべては**「相手のことがよくわからない」**ということなのです。

お客さまが商品をどう思うか？
お客さまは何に興味があるのか？
お客さまの感情はどういうとき、どうやって動くのか？
お客さまはどんな言葉をかければ喜んでくれるのか？
お客さまはどうすれば信頼してくれるのか？
お客さまが何に価値を感じるか？

こうしたお客さまの本当の感情がわからないから、1人よがりになってしまい、別の何かに解決を求めてしまうのです。

逆に言うと、お客さまの感情、相手の感情がわかれば、これらの問題はすべて解決されるということです。

さらに問題が解決されるどころか、想像を超える成果を手にすることができるようになります。ですから、ネットでもリアルでも、お客さまの本当の感情を知ることこそがビジネスの本質なのです。

お客さまの行動に立って考えたとき、情報発信の方法が100％変わってくる

スクールを一緒にやっている岸本亜泉さんは、以前沖縄の離島で自分が書く筆文字の名刺を販売し始めたとき、まったくと言っていいほど売れませんでした。

そもそもネットからどうやって売ったらいいかわからないので、とりあえずブログを始めたのはいいのですが、沖縄ローカルのブログサービスを使っていて、しかも島なので回線が遅い。ちょっとビジネスを知っている人なら、もうちょっとマシな環境でスタートするところです。でも、岸本さんはとにかく始めてしまったのだから仕方ありません。毎日毎日、筆文字の画像をアップしたり、自分のやっていることについて書きました。

当然、売れません。

そこで彼女はどうしたか。

お客さまについて考え始めました。

まず、筆文字の名刺を欲しいと思ってくれるであろう人は誰か考えました。最初に思い浮かんだのはサラリーマンや起業家の男性だったので、そういう人のブログを探しては、どんなことを考え、その人たちがどんな1日を過ごしているのか見てみました。すると、

「仕事から帰って来て、22時半にビールをプシュッとやりながらパソコンに向かったとき、筆文字がどうのと言われてもなぁ」と気づいたのです。

そこで、ブログに書くことを変えました。

ビールの写真をアップし、「乾杯！　今日もお疲れさまです！」という挨拶《あいさつ》から始めたり、水着の美しい女性の写真をアップして「このラインに癒されますね～」なんて面白おかしく書いてみたりしたのです。

そう、筆文字の話ではなかったのです。

筆文字の話は記事の最後にちょこっと書き加えました。

すると、驚いたことにバンバン注文が入るようになりました。

良くて月３０００円の売上だった名刺が、なんと30万円も売れるようになったのです。

これは小さな成功の一例ですが、お客さまのことを考えただけで情報発信１つ取ってもまったく変わることがおわかりいただけるのではないでしょうか。

多くの人は、ブログを一生懸命書いても売れないといったとき、ＳＥＯだとかコピーライティングだとかを勉強し始めます。

でも、その前にやるべきは、お客さまの感情を理解することです。そして、岸本さんの例でもわかるように、実はすごく難しいというわけではありません。

トップセールスになるような人は自然とやっていることで、ネットでもリアルでも基本的に同じです。

現代ほど多くの人とつながれる時代はないが、なぜ、そのつながりにさみしさを感じるのか？

「この人は私のことをわかってくれている」と思うと、人は感激し、絶大な信頼を置き、相手のために何でもしたいと思います。

あなたも、自分をわかってくれている人、たとえば親友のことを考えてみてください。親友が困っていたら助けたいし、自分ができることは何でもしたいと思うのではないでしょうか。わかってもらえていると感じてできる信頼関係は、お金に替えられませんし、お金で買うこともできません。

逆に、そんな信頼関係が得られるなら、いくらでもお金を出したいという人がいるかもしれません。

現代は、メールにＬＩＮＥ、ツイッターやフェイスブックなどさまざまなツールがあり、コミュニケーションをとること自体は簡単になっています。電話や手紙しか連絡手段がなかった時代は、親友とだってそれほど頻繁にやりとりできなかったはずです。現代は、そんな「つながれる時代」になったにもかかわらず、私たちはさみしさを抱えています。

数年前のアメリカでの研究によるデータでは、現代人が持つ親友と呼べる人の平均は0・75人だそうです。平均1人の親友もいない時代なのです。毎日たくさんの人とやりとりしているのに、本当に自分のことをわかってくれると思える人はほぼいないのです。

これは能力の変化というよりも、相手を想像する余裕のなさからきている気がします。

手紙や電話などのゆっくりしたコミュニケーションをとっていた時代は、もっともっと相手のことを想像したはずです。スピード重視、効率重視のコミュニケーションでは、どうしてもやりとりが雑にならざるを得ません。相手の気持ちや状況を想像するより先に、自分の言いたいことを言おうとするようになっているのです。

その結果、昔より何百倍もの多くの人とつながっているはずなのに、心から信頼できる人がいないという逆説的な状況が生まれています。

これがどういうことかおわかりでしょうか。

そんな時代に、あなたがお客さまの感情を本当に理解することができたら……。この本でお話ししている、「究極の理解」のスキルを手に入れ、実践することができたらどうなるでしょうか。

お客さまはあなたとの関係を大事にします。あなたに感謝し、信頼します。商品を売ることなんて簡単です。極論すれば、何を売ったっていいのです。あなたが勧めてくれるものなら、何でも欲しいのですから。

そのくらい、「究極の理解」は強力なパワーを持っているということです。

いまどんな仕事をしていようと、これから先どんなことが起ころうと、あなたはお客さまとともに幸福を得られるのです。

「究極の理解」を手に入れることが、人の本当の感情を見抜く第一歩

「究極の理解」とは、相手のことを１００％超えて理解できるレベルのことを言いま

す。相手自身さえ気づいていないことまでわかってしまうという奇跡のレベルです。だから「究極」なのであり、あなたに目指してほしいのもこのレベルです。

この本では、「究極の理解」を手に入れ、人の本当の感情を見抜き、それを実践するための方法を詳しくお話ししますが、その前に理解のレベルについて確認しておきたいと思います。

「相手を理解する」と言ったとき、その理解の度合いには幅があります。私はこれを4段階に分けて説明しています。

■レベル0　相手を理解しようとしていないし、理解する気がない

相手のことを理解しようとしておらず、まったく興味を持っていない状態です。相手の話（言葉）よりも、自分が話したい（伝えたい）ことを考えています。最初から相手に関心がないレベルです。

■レベル1　相手を理解しようとしているが、それが伝わっていない

とりあえず相手のことを理解しようとしているレベルです。しかし、相手の話（言葉）をすべて自分の考えで解釈してしまっているため、本当には理解できていないし、相手に伝わっていない状態です。

相手も理解してもらっているとは感じません。しかも、「わかったつもり」は逆効果になります。自分の考えが答えになってしまうと実際に理解できていないのと同じで、それが的外れだったりすると逆に反発を生んでしまいます。

ですから、この段階ではまだ理解のレベルには至っていません。実はこれが多くの場合、普通のレベルです。

レベル2　相手を理解しようとしていて、それが伝わっている

相手のことを理解できてはいませんが、理解しようとしている姿勢は相手に伝わっています。この段階からパワーが発揮され始めます。相手が「自分のことを理解しようとしてくれているんだな」と思うだけでも影響力があるのです。

このレベルでは自分の考えを空っぽにして、ただ相手を理解しようと努めている状態です。

■レベル3　理解しようとしていて、それが相手にも伝わっており、実際に理解している

相手のことを実際に理解していますが、その度合いは1％から100％までとかなり幅があります。基本的には理解度が高まるほど人間関係は良くなり、信頼されるようになります。相手はあなたのことを好きになり、あなたから離れたくないと思います。このレベルでは、相手が自分のことをどのくらいの割合で理解してくれているか意識的に感じる状態ですが、その度合いを高めていると言えます。

ただし、100％理解できたとしても、信頼関係ができていない状態でズバリ指摘するのは良くありません。伝え方は十分に気をつける必要があります。何％自分のことを理解してくれていると感じるのは、あくまでも相手です。

■レベル4　相手本人でさえ気づいていないことまで理解している奇跡のレベル

相手のことを100％超えて理解しているというレベルです。本人でさえ気づいていないことがわかる奇跡のレベルと言えます。

私たちは、自分の感情や言動の背景にあるものに気づいていないことはよくありま

す。気づいていないわけですから、表面的には出てきていません。たとえば何かに怒っているとき、なぜそれがそんなに腹立たしいのか、自分でよくわからなかったりします。それなのに怒りの感情だけでなく、その背景までも理解してくれている人が目の前にいたら、その人は間違いなく感動します。

この段階を「究極の理解」と呼んでいます。

以上が「究極理解の４段階」ですが、次ページに図としてまとめておきますので、レベル２から３へ、そしてレベル３が１００％の理解に近づけるよう実践してください。

エクササイズとしては、誰か実践の相手になってもらい、その人に自由にしゃべってもらったあと、その人の気持ちを伝えてみてください。そして、相手から何％理解してもらっているかを聞きます。

そして、同じ内容を違う言葉で話してもらい、１００％と感じるまでこれを繰り返していきます。すると、相手が１００％理解しているという状態がわかります。

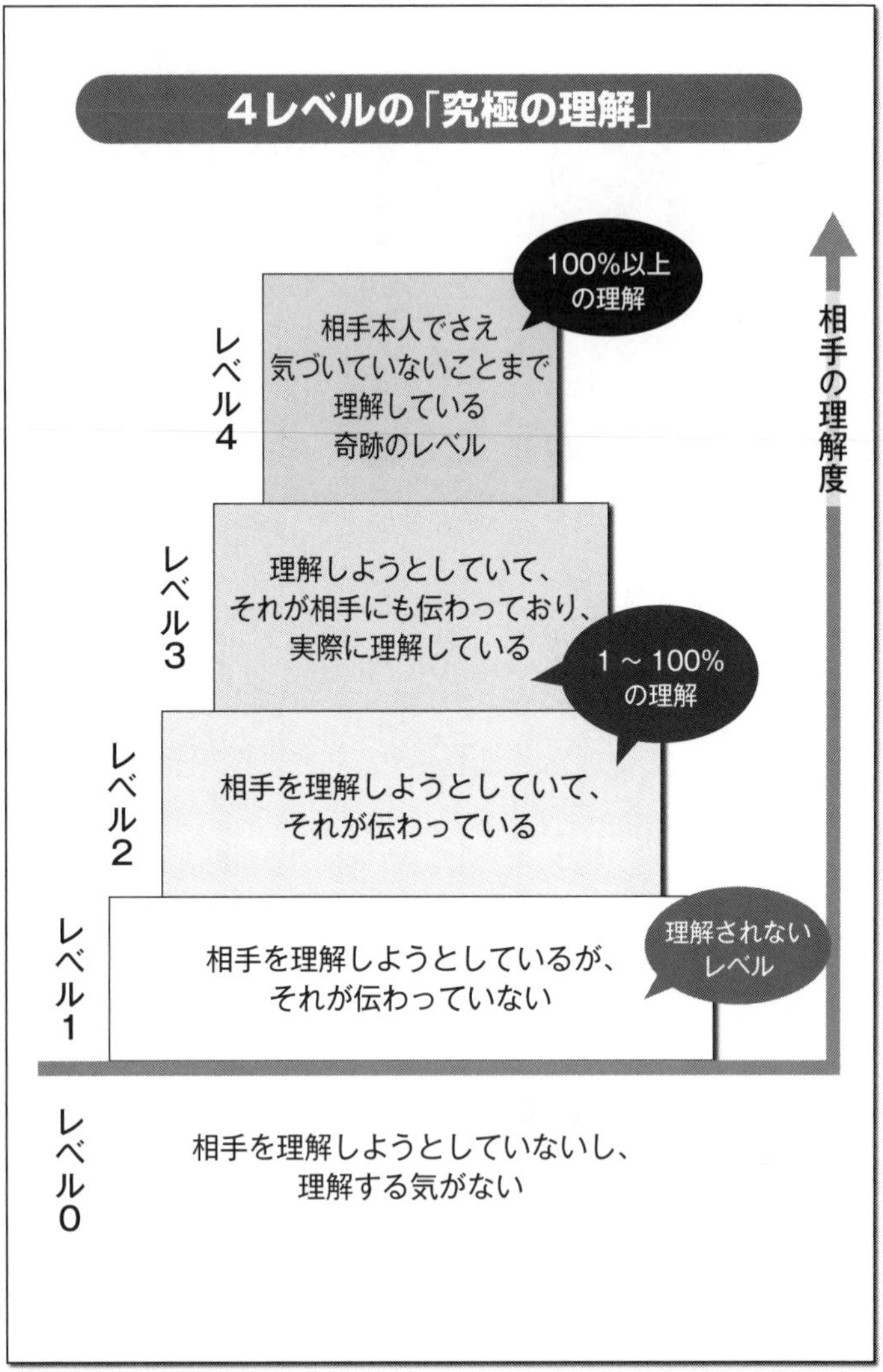
4レベルの「究極の理解」
相手の理解度
レベル4
相手本人でさえ
気づいていないことまで
理解している
奇跡のレベル
100%以上
の理解
レベル3
理解しようとしていて、
それが相手にも伝わっており、
実際に理解している
1～100%
の理解
レベル2
相手を理解しようとしていて、
それが伝わっている
レベル1
相手を理解しようとしているが、
それが伝わっていない
理解されない
レベル
レベル0
相手を理解しようとしていないし、
理解する気がない

レベル４の「究極の理解」に到達するためには、**完全に自分の考えを外して、相手を受け入れる**ことが必要です。自分の価値観や信念と異なることも、自分にとって都合の悪いことも、頭の中からすべて外して、すべてそのまま受け止めるのです。

そう口で言うのは簡単ですが、実際にやろうとしても、どこからどうやったらいいのかわからないと思います。しかも、売り手と買い手という関係性は、普通の人間関係以上に障壁があります。あなたのことを全然知らないお客さまは、あなたのことを疑っています。仲良くなりたいなんて思っていないし、まさか自分を理解してくれるなんて思っていません。

あなたのことを警戒しているというマイナスの状態からスタートするわけです。

そのうえ、ネットを使ってお客さまに出会う場合には、顔を合わせることができません。ほとんど文字だけの情報で相手を理解したり、それを伝えたりしなくてはならないのです。普通に考えたら、とても難しく感じるのではないかと思います。

でも、ネットを通じて出会う、顔の見えないお客さまであっても１００％を超えて理解することは可能なのです。

実践問題……現在の課題

▼**問題1**　あなたが現在抱えているビジネス上の悩み・課題を書き出してください。

▽**例**　お金をもらうことに抵抗がある。お試しで無料サービスをするときは気持ちがラクだが、定価をもらうときには緊張してしまう。相場より若干安めに設定しており、高い値付けをすることができない。

▼問題２　お客さまを理解できたとしたら、どう変わると思いますか？

▽例　お客さまが喜ぶことをやっているので、お金をもらうことに抵抗がなくなる。お客さまは安いから私を選ぶのではなく、信頼で選んでくれる。私に「お金を払いたい」と思ってくれているのだから、自信を持って受け取ればいいのだと思えるようになる。相場よりもいいサービスを提供でき、それに見合った値付けができるようになる。

解説

最初の実践問題には、問題意識を明確にするためのものを持ってきました。

この本を手に取ってくださったということは、きっと何かしらビジネス上の課題をお持ちのことと思います。そしてその課題は、お客さまのことを本当に理解できたとしたら、解決に向かえるはずです。

これまでそういった視点で課題を捉えていなかった方も、「お客さまのことを理解できたとしたらどう変わるか?」と考えてみると、糸口が見えてくるのではないでしょうか。

さて、例に挙げたのは、私のやっているスクールでも実際に多くの人が抱えている課題です。

商品・サービスを提供したらその対価をいただくのがビジネスであり、なんら悪いことはないのですが、「お金をもらうのは良くないこと」という潜在的なブロックがあって先に進めないのです。とりあえず相場より安い値段設定にするというのも、よくあるパターンです。サービスを提供している間はイキイキしているのに、お金をもらう段階になって急に申し訳ない気分になったりしてしまいます。でもそれではビジネスは立ち行かなくなり、多くの人を幸せにすることはできません。

こういった課題の原因も、お客さまの視点を持てず、理解できていないということがあります。

もし自分がお客さま側の立場なら、欲しいと思ったサービスを得ることができたときには感謝するし、お金を払いたいと思うはずです。それなのに、売り手側が「お金をもらうのは申し訳ない」という態度だったらどう思うでしょうか。「私が欲しいと思ったのは、そんなにたいしたことのないものだったのか」とガッカリするのではないでしょうか。

「究極の理解」を実践することにより、こういった課題を抱えていた人たちはマインドが変わります。

「お金って感謝なんですね。自分ができることでお客さまが喜んでくれることを提供して、お客さまに感謝とともに対価をいただくことがビジネスなのですね」

心からそう思えた人は、どんどんうまくいくようになります。言葉ではそう言っていても、どこかで「ビジネスとは奪うもの」という考えが拭《ぬぐ》えないと、必ず壁にぶつかります。

第2章

お客さまの感情にフォーカスするために必要なこと

お客さまの本当の感情を引き出せば、見込み客から一気に優良顧客へ押し上げる

お客さまの本当の感情がわかれば、ビジネスが劇的に変わりそうだということはわかりました。ただし、お客さまもあなたに寄せる感情の度合いは違います。

これまでひとくくりに「お客さま」と表現してきましたが、もう少し細かく分けてみると、ビジネスの流れの中で次のように変化していきます。

見込み客⬇顧客⬇リピート客⬇優良顧客

見込み客はあなたの商品に興味があるけれどもまだ買っていない人。一度でも買ったことがある人は顧客となり、2回以上買えばリピート客、そして繰り返し買うだけでなく、ほかのお客さまを紹介してくれたり、口コミしてくれたりする人が優良顧客です。

「究極の理解」のパワーがあれば、お客さまは超のつく優良顧客となります。お金を

払うことに躊躇《ちゅうちょ》がないどころか、「お金を払わせてほしい」と思いますし、進んで友人を紹介しようとします。

一般的に、見込み客が優良顧客になるのは時間がかかります。

信頼関係を築くのは一朝一夕にできるものではなく、「約束を守ること」「期待に応えること」などの積み重ねによるものであるからです。「この商品を買うとあなたは○○になれる」という約束が現実に守られ、「次にまた買ったら、こうなるに違いない」という期待が裏切られることなく続くことで信頼が厚くなっていきます。

でも、これからお話しするスキルを使えば、一瞬にして見込み客が優良顧客に変化することもめずらしくありません。

『お金と時間と場所に縛られず、僕らは自由に働くことができる。』の中でも紹介したエピソードですが、とてもわかりやすいので岸本さんの話を例に挙げましょう。

岸本さんは呉服店に入社して、最初はまったく着物を売ることができませんでした。着物の知識もなく、基本的に男性社会である呉服業界で、しかもなかなか着物が売れない時代です。周囲からも、売れるわけがないと見られていました。ところが、あることをきっかけに、入社半年後にはトップ営業になってしまいました。

そのあることとは、業界共同で開催する呉服展示販売会で1人のおじいさんの本当の感情を理解したことです。そのおじいさんは、展示会に来ているものの、誰からも相手にされていませんでした。壁をたたいたり、そこらへんにあるものを投げつけたり、声を荒らげたりと、ふるまいがとても乱暴だったからです。呉服業界の社員たちは、みんな露骨にイヤがっていました。

そんな中、岸本さんは「このおじいさんはなぜこんなことをしているのだろう」と興味を持ち、話しかけました。すると、おじいさんが妻に先立たれ、独り暮らしをしていることがわかったので「家に毎日独りってさみしいですね」と伝えたのです。それは表面的な言葉ではなく、心から言ったものでした。

するとおじいさんは声を上げて泣き、「そうだ、俺は寂しかったのかもしれない」と言いました。おじいさん本人も、自分がなぜこんなにイライラし、周りに当たらずにいられないのかよくわかっていなかったのです。

おじいさんはひと通り泣いたあと、「実は孫にプレゼントする着物を買いたいんだ」と、岸本さんからたくさんの着物を買っていきました。それだけでなく、その後も岸

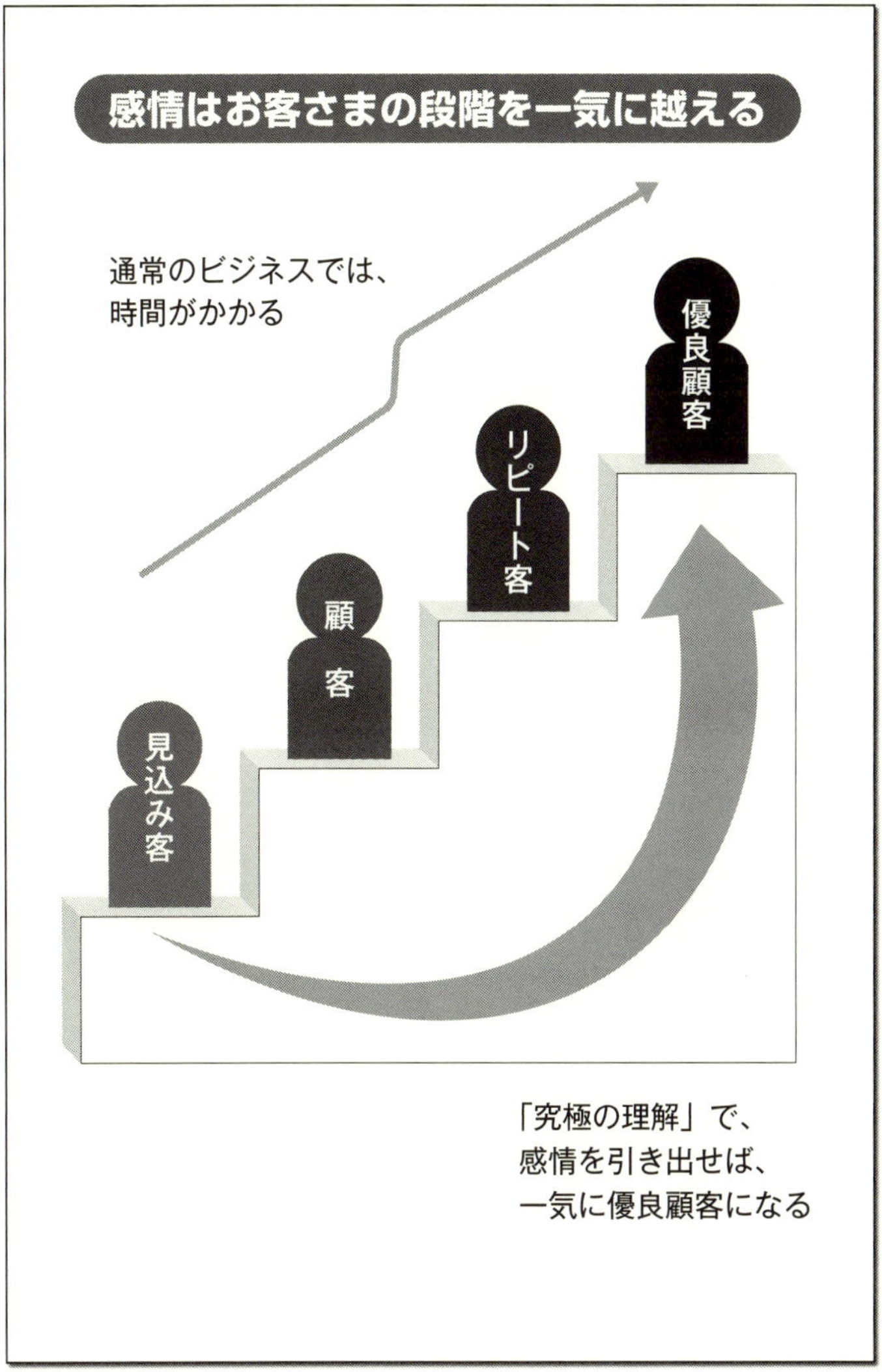
感情はお客さまの段階を一気に越える
通常のビジネスでは、
時間がかかる
優良顧客
リピート客
顧客
見込み客
「究極の理解」で、
感情を引き出せば、
一気に優良顧客になる

本さんの勤める店に来て新しい品物を買ったり、お客さまを紹介したりしてくれるようになりました。

そう、岸本さんがおじいさんを理解したことで、おじいさんは一気に優良顧客に変化したのです。

このように、究極の理解は信頼関係をはぐくむ時間を一気に短縮します。出会ってから短期間で強い信頼関係を結ぶことができるのです。

あなたの見込み客は誰か。ペルソナは最終ストーリーで考えろ

お客さまの本当の感情がわかれば、段階を飛び越えて一気に信頼関係を構築できるということはわかりました。しかしその前に、まずはお客さまに出会わないことには話になりません。普通は見込み客を見つけるところがビジネスのスタートです。

その見込み客とは、あなたの商品に興味がある人のことです。どんなにいい商品であっても、興味がない人に買ってもらうことはできないし、売ってはいけないというのが前提です。

当たり前に感じるかもしれませんが、意外と多くの人がこの原則を無視しています。つまり、「買ってくれるなら誰でもいい」と思ってしまうのです。1人でも多くの人に買ってもらいたいから……という気持ちはわかりますが、誰でもいいと思っていたら、結局は誰ひとり振り向いてくれません。

第1章でお話しした「究極の理解」のスキルも、誰かれかまわず使うというものではありません。自分の考えを外して、完全に相手を受け止める必要があるのですから、すべての人にこのスキルを使っていたら疲れてしまいます。

「あなたの話を聞くか聞かないか、商品を買うか買わないかなど、すべての選択権は100％お客さまにある」ということを忘れてはいけません。これは言い換えれば、あなたにもお客さまを選ぶ権利があるということです。

私のやっているビジネススクールでも、自分がお客さまにしたい人は誰なのかを最初に考えてもらっています。

あなたは「ペルソナ」という言葉を聞いたことがあるでしょう。年齢、性別、仕事や勤務地、家族構成、趣味など、あたかも実在するかのように「象徴的なお客さま像」を設定し、その人に向けて商品を企画したり販売のアプローチを考えたりする手法です。

マーケティングの基本事項となっているペルソナは、たしかに効果があるのですが、私が教えているペルソナは一般的なものとちょっと違います。

具体的に想像できる実在の人を何人かピックアップし、その人が優良顧客になったという前提で、1年後に感謝の手紙をもらうという場面を想像してもらうのです。そして、自分でその感謝の手紙を書くということをするのです。

たとえば、安心できて健康にいいオーガニック食材を扱うビジネスを始めるとしましょう。お客さまになってくれそうな人として、友人のKさんが思い浮かびました。

そこで、Kさんからの感謝の手紙を書いてみます。

「いつも素晴らしい食材をどうもありがとうございます。

あなたに久しぶりに会ったのは、残暑厳しい８月の終わりでしたね。あなたがオーガニック食材を扱うネットショップを始めたと聞いて、私は話を聞かせてほしいと連絡を取りました。（⇧**出会い**）

私はオーガニックにもともと興味があって、自分なりに調べていました。夫の協力がまったく得られないことが悩みでした。まだまだ情報も少なかったし、値段も高いし、何より美味しくないというイメージがあったようで、夫はオーガニックの『食わず嫌い』だったのです。食事は毎日のことだし、とても大切なのに、その部分で夫とわかり合えないつらさがありました。周囲にもオーガニックの話ができる人はおらず、私は食べ物に関して孤独でした。（⇧**悩み**）

でも、あなたのネットショップに出会って変わりました。リーズナブルで美味しいだけでなく、１つひとつの食材について産地や栄養、レシピからその食材にまつわる物語まで、丁寧に情報を教えてくれたので、私は自信を持って夫に話すようになりました。興味を持ってひと口食べてからというもの、夫もすっかりオーガニックが大好きになりました。

それだけではありません。あなたのネットショップを通じて、オーガニック好きな仲間ができたのが私にとって大きなことでした。みんな若々しくて健康で、とても素敵な仲間です。いまでは月に一度、仲間と一緒にオーガニック食材を使ったお料理で持ち寄りパーティーをしています。（⇧**変化**）

いまは毎日が楽しく、幸せです。以前の私と同じような悩みを持っている人には1人でも多くオーガニックの素晴らしさを知ってもらいたいです。これからも夫婦ともども、よろしくお願いします」

お客さまになってくれそうな人としてKさんのほかにも数名思い浮かんだのなら、それらの人の要素をミックスしながら手紙を書いてもかまいません。いずれにしても、具体的な誰かをイメージすることがポイントです。

そして、**「出会い、悩み、変化（あなたの商品に出会ってどう救われたのか）」**を書きます。なるべく具体的に、お客さまの変化のストーリーを手紙にします。

「30代女性、主婦、趣味はヨガ、ファッションは天然素材のナチュラル系……」というように、客層を考えるマーケティングで要素を並べたペルソナよりもはるかに感情が入っているのがおわかりでしょう。

この「感謝の手紙」を真剣に書くほど、「絶対にこの人を救うんだ！」という気持ちになるはずです。それこそ、ペルソナ作りの効果なのです。

ペルソナができても商品を売るな。見込み客の興味ポイントを引き出す作業が先

あなたの商品の見込み客は誰か、具体的にイメージができました。

次にやるべきなのは、見込み客の話を聞くことです。

多くの人は、ペルソナを作った時点でもう商品を売ろうとするのですが、それはまだ早いというもの。見込み客の話を聞いて理解したうえでなければ、商品を売り込んだところで買ってもらえません。

お客さまが実際どのようなことで悩んでいて、何を望んでいるのか。何に興味があり、反応するのか。あなたが描いたペルソナになるべく近い人を見つけて聞いてみま

す（具体的な質問は次章で説明します）。もちろん私の場合は、話を聞くといってもネットの向こう側にいるお客さまがほとんどで、普段はネットを介しながらそういったものを引き出しています。でも、スクールに来られる生徒さんに直接聞くことのほうが、よりダイレクトに興味を知ることができます。

ペルソナ作りの中で、見込み客の悩みや願望を想像することはやっていますが、これはまだあくまでも自分の考えです。話を聞いてみると、こちらが想像できなかったような悩みや願望を抱えていたりするものなのです。

これを恋愛にたとえるなら、ペルソナ作りはあなたが恋人にしたいと思う人のイメージを明確にする作業です。

いわゆる理想のタイプです。

理想のタイプが固まったからと言って、好みの人に出会ったときに「俺ってこんなやつなんだけど～」と話しかけてもうまくいきませんよね。自分のことばかりアピールしても、そもそも相手は見知らぬあなたに興味がないのですから、「ウザイ奴」と思われてしまうのがオチです。

私の友人は好みの女性をナンパしたとき、話の流れからその女性がダンスをやっていることがわかりました。そこで、有名アーティストのバックダンサーをしている知人の話をしたそうです。すると、それまでつれない態度だったのが急変し、仲良くなれたのだとか。つまり、相手の興味ポイントを見つけて、それに合わせた話をしたわけです。

ビジネスで言えば、たとえばペーパークラフト教室をやっている人が、目の前の男性に対して「手先が器用になって、ボケ防止になる」「世界中にこれだけの愛好者がいる」「芸能人の誰々もやっている」と並べ立てても、まったく興味を持たれないかもしれません。

でも、よく話を聞いてみたら、息子とプラモデルで遊びたいけれど、まだ小さいのであまり本格的なものはできないし、値段も高いので奥さんが難色を示しているなんていうことがわかったりします。

そこで、ペーパークラフトならお子さんと一緒に気軽にできますよ、しかも紙とは言ってもプラモデルみたいにしっかりしていて、カッコいいものが作れますよという話をしたら、興味を持って聞いてもらえるのではないでしょうか。

人は基本的に自分自身にしか興味がありません。

人間関係ができてくると、相手にも興味が出て、相手の話も聞くようになりますが、それまではその人が興味のあることしか聞いてもらえないのです。

まずはあなた自身が見込み客の話を聞き、興味を引き出すことが大切です。

出来事を聞くのではなく、相手の感情にフォーカスして聞くと、一瞬で信頼関係が生まれる

見込み客の話を真剣に聞くことは、お客さまの抱えている悩みや不安、願望や興味などを知るためだけではありません。

実は、聞くだけでも信頼関係が構築できてしまうのです。

これが「究極の理解」の持つパワーです。

岸本さんが呉服の展示販売会で出会ったおじいさんの例を思い出してください。岸

本さんは、おじいさんの話を真剣に聞きました。それは、着物を売るためにおじいさんの興味を引き出そうとして聞いたというわけではありませんでした。「なぜこんなことをしているのだろう」と思って純粋に話を聞き、おじいさんの感情に共感したのです。そして、おじいさんは出会ったばかりの岸本さんに大きな信頼を寄せるようになりました。

つまり、まだ一度もビジネス上の約束を守ったり期待に答えたりしたことがないにもかかわらず、信頼関係ができてしまったのです。それは何より、おじいさんの話を心から聞いてあげた、それだけなのです。

このように、「聞く力」は「究極の理解」の中でもとくに重要です。

ポイントは、**感情にフォーカスする**こと。

相手の話から浮かび上がる「出来事（事実）」に注目するというより、相手の「（事実から感じる）感情」を意識します。人が本当にわかってほしいのは、「自分の本当の気持ち」だからです。

出来事をその人がどんな気持ちで語っているのか、相手の感情を共有できたとき、あなたのことを信頼するし、仲良くなれるのです。

たとえば、「大事にしていたペットが死んでしまった」という出来事を語ったとき、「どんなペット？」「何年生きたの？」「いつ死んじゃったの？」「どうして死んじゃったの？」とひたすら事実を確認するかのように聞いていくのと、「それはすごく悲しいよね」「もういないなんて、寂しいよね」と感情にフォーカスしながら掘り下げていくのとでは、印象がまったく違うのがおわかりでしょう。

事実を聞くだけでも、相手は「話を聞いてくれているんだな」と思ってくれますが、時間のわりに関係は深まりません。

ペットの死を話した人は、「ペットが死んでしまったこと（事実）」をわかってほしいのではなくて、「そのときの悲しい気持ち（感情）」をわかってほしいのです。事実としては何も話していなくとも、相手が「それはつらいですね」と心から共感し、一緒に涙を流してくれたとしたら、それだけで癒されることでしょう。

「究極の理解」を実践する際には、共感のための手掛かりとして事実を聞くことはします。ペットが死んで悲しいと言っても、その悲しい出来事にはいろいろな状況があるでしょう。そうした出来事を聞いていく中から、相手の感情をとらえていくのです。もっとかわいがってあげれば良かった、かわいそうなことをしたという後悔かもしれないし、いつも一緒にいた存在が突然消えて、心にぽっかり穴が空いたような感じかもしれないし、何かにつけて思い出されてぼんやりしてしまい、仕事や家事が手につかないのかもしれません。

なるべく具体的な感情を知りたいので、「いつから飼っていたの？（子どもの頃から一緒にいて家族みたいだったのかな？）」「具合が悪かったの？（突然だったのかな、それとも看病していたのかな？）」のように事実の裏側にある背景を聞くわけです。

もちろん、あなたの主観や思い込みは頭の中から外していきます。そして、「きっとこういう気持ちなのだろう」と想像して共感します。まったく同じ経験はなくても、似た感情を持ったことはあるはずです。自分の中から、同じような感情を引き出すことができれば、相手と感情を共有することができます。

もちろん、まったく同じ気持ちになることはできないのですが、わからないなりにも、気持ちをシンクロさせていく、リンクさせていくという感じです。これができると、一緒に感情を味わっているような感覚が生まれます。そして、話をした人は深いところで**「自分のことをわかってもらえた」**と感じるのです。

学生の頃、部活動や体育祭、合唱コンクールなどの行事を通してみんなが仲良くなる経験をした人は多いと思います。それは共通の体験を通じて「感情」を同じくしたからです。一緒に感じた喜び、ワクワク、不安、悔しさ……。「わかり合えた」という感覚が絆を強くします。それこそ一生の友達と言えるような関係性が生まれるのは、感情を共有してわかり合えたからなのです。

よく、初対面の人と仲良くなるには共通点を見つけることだと言われます。出身地、生まれ年、趣味など、共通点を見つけると確かに話がはずみ、仲良くなりやすくなります。話し方教室などでは、共通点を見つけやすい自己紹介の仕方を指導したりするようです。

でも、感情を共有する聞き方をすれば、表面上共通点なんて1つもなかったとしても、はるかに仲良くなれます。

私は商品を販売する「プロモーション」の中でも、この仲良くなる仕組みを入れるようにしています。10日間や１カ月など一定の期間を区切り、無料のコンテンツを提供しながら見込み客とコミュニケーションしていくのですが、この期間中に参加者同士が仲良くなれるよう共通の体験の場を作るのです。

たとえばＫ２アカデミーの「プロモーション」では、８週間にわたって提供するセミナーを受講してもらうだけでなく、毎回課題を出していました。課題をすべて提出するとパズルのピースを１つもらえます。すべて集めると「未来図パズル」が完成するというものです。

つまり、共通のゴールがあり、参加者はそれに向けて行動をしなければならないわけです。基本的にはすべてネット上でのやり取りなので、参加者同士も顔を合わせることはありませんが、パズルを完成させるという同じ体験をしていることで心理的な距離はぐっと縮まります。わかり合える仲間ができることは、Ｋ２アカデミーの価値の１つになっています。

仲良くなる、信頼関係を結ぶには感情を共有することが一番なのです。

「相手の話を聞く4レベル」で、相手の感情を見抜く訓練をする

私たちは、人の話の聞き方を教わることがありません。

話し方も学校では習いませんが、大人になって必要に迫られて学ぶ人は増えているようです。話しベタの自覚がある人は多いのでしょう。話し方指南の本は多く、プレゼンテーションスキルが高ければ、ビジネスでもうまくいくという認識が一般的になっています。

一方、「自分は聞くのがヘタだ」と言う人にはほとんど会ったことがありません。聞くことくらい、みんな普通にできていると思っています。でも、本当に聞くことができているかというと、どうでしょう。人の話を聞いているようでいて、次に自分が何を言うか考えていたり、自分のことを思い出していたりしないでしょうか。相手の話をそのまま聞くことができず、自分の考えで正しいか間違っているか判断していたりしないでしょうか。

「究極の理解」を教えている私も、しばしば真剣に話を聞けていないときがあります。そんなとき、ハッと気づいて「いけない、いけない」と襟《えり》をただします。

実は人の話を聞くのは、思った以上に難しいものなのです。

私は、聞くことについても、「究極の理解」と同じように段階を4つに分け、**「相手の話を聞く４レベル」**と名づけています。

レベル0　まったく聞いていない

相手の話を聞いているようで、実は聞いていない状態です。

相手の言葉がただ耳を素通りしているだけで、話を理解していませんし、理解しようとすらしていません。次に自分が何を言おうか考えていたり、たまたま気になった言葉から自分のことを連想していたりして、相手の感情はおろか言葉すら追えていません。自分の言いたいことを言うタイミングをはかっているだけのこともあります。

当然、相手は「話を聞いてくれていない」と不満を持ちます。

親子、夫婦、友達など、普段のプライベートの人間関係の中ではこの段階にいることが多いのです。たいていお互いに言いたいことを言っているだけなのですが、継続している人間関係の中なのでなんとか成立します。

たしかに、すでに信頼関係があるから、相手の話を多少聞かなくても成立するという部分もありますし、お互いの背景をわかったうえで話が成立しやすいです。近しい人間関係においては、自分のことだけを話してすっきりするという面が強いこともあるでしょう。

しかし、「話を聞いてもらえていない」というのはフラストレーションがたまります。親子ゲンカの原因などは、お互いが自分の用件だけをぶつけるために起こっていると言っていいでしょう（あとは売り言葉に買い言葉ですね）。

これが他人であれば、**話を聞かない相手とは関係をその場で断ち切って終わり**です。でも、すでに関係性ができている場合、それを断ち切ることのほうがデメリットになります。だからそのまま何となく日々を回していくのです。

レベル1 話をジャッジしながら聞いている

自分が聞きたいことを聞きたいように聞いている状態です。

自分と照らし合わせて、「この人はいま正しいことを言っている」、あるいは「間違ったことを言っている」と判断しています。判断軸はあくまでも自分であり、相手の言葉によって自分の考えを確認しているだけです。

この段階でもまだ相手とのコミュニケーションは本当には行われていません。もちろん相手は「聞いてくれた」と感じることができません。

私の感覚では、ほとんどの人の聞くレベルは0と1で、80％くらいを占めています。レベル2になるとは、自分の判断を入れずに相手の話をそのまま受け止める段階ですが、これは意識しないと難しいのです。レベル1のように、ついつい自分の価値観を持ち出して、ジャッジしてしまいます。

私自身、恥ずかしながらいまだにジャッジしながら話を聞いていることがあります。たとえば、「私はこういうビジネスでお客さんを救いたいんです！　この分野では自分が一番です！　誰にも負けません！」と言う人がいたときに、とっさに「それはお客さんが決めることでしょう」と思ってしまう自分がいます。相手の話をそのまま受け止めることができず、自分の価値観で「それは間違っている」と判断してしまっているのです。

さらにひどくなると、「ああ、自分が一番というタイプの人だな」と決めつけ、「このタイプの人にはこういうアドバイスをしよう」と判で押したような対応をすることになります。

人はパターン化することが好きです。 パターンに分けて認識すれば、思考停止できて疲れないからです。ですから、目の前にいる人のことも「この人はこういう人」と思いたいのです。でも、いったん知っていると思うと、そのあとの情報が何も入ってこなくなります。

自分は相手のことを何も知らないと思うのがスタートです。相手をわかったつもりにならないこと、自分が正しいと思わないことが大切です。

レベル2　相手の言葉をそのまま聞いている

自分の判断を入れずに、相手の言葉をそのまま受け取りながら聞いている状態です。相手の言葉を正確にとらえようとしており、オウム返しを正確に行うことができます。

とにかくコミュニケーションは成り立っていて、こちらの言葉に対して相手は「そうそう」とうなずいてくれるレベルです。相手からすると、何でも話せる、話していて安心できる人という感情が生まれます。お互いの信頼関係が生まれ、「この人と一緒にいたい」と思ってもらうことができます。

相手の言葉をそのまま受け止めるためには、自分をいったん脇に置いて、相手に集中しなければなりません。

聞いていて引っかかるところ、心がザワっとする部分はきっとあると思います。でも、反論したりねじ曲げたりしないで、そのまま受け取るようにします。

引っかかるのは、自分の中にあるブロックが邪魔をするからです。相手に問題があるのではなく、自分に問題があるのです。

たとえば、ある女性がこんな話をしたとします。

「私は夢のために家事や育児は犠牲にせざるを得ないと思う。家事代行サービスやベビーシッターにお金を払って、自分はビジネスを頑張るつもりです。お金はかかるけど、これから稼ぐのだから問題ないと思います」

そう言っているのを聞いて、あなたの心がザワザワしたとします。そのまま受け止めることが難しいと感じるところは、自分の価値観と違うところです。この例で言えば、「家事・育児は他人に任せるべきでない」とか「他人に任せるのはいいが、先に稼いでからにするべき」といったような価値観を持っているから、心がザワつくのでしょう。

それでも相手が間違っているのではありません。**自分がいつのまにか持っている「ルール」が、そのまま受け止めることを邪魔してしまう**のです。

まずはそれに気づくことが重要です。自分が持っているルールに気づけば、それを手放していくことができます。

レベル3 相手の背景・意図・信念を考えながら聞いている

相手の言葉をそのまま受け取るだけではなく、その言葉の背景や裏にある意図、その人が持っている信念は何かなどを意識しながら聞いている状態です。

レベル2の、相手の言葉をそのまま受け止める段階からさらに進んで、その人の人生・人格をそのまま受け止めるような感覚です。

相手は「話を聞いてくれた」とうれしく感じるだけでなく、「自分のことをわかってもらえた」と感動します。

しかも、本人が気づいていなかったことに思い至らせてあげることができるので、大きな影響を与えることができます。短期間で強い信頼関係が築かれるようになります。

先ほどの「夢のために家事・育児を犠牲にせざるを得ない」という女性の例で考えてみましょう。この言葉をそのまま受け止めるだけではなく、彼女がなぜそう言ったのか、彼女の背景や信念を意識して聞きます。もちろん、自分の価値観やルールは完全に外します。１００％相手側に立って、想像しながら聞くのです。

――なぜ、こう言っているのだろうか？

――どういう人生を生きてきたのだろうか？

――どんな信念を持っているのだろうか？

すると、「彼女のお母さんは家事・育児を頑張って、夢をあきらめたことがあるのかもしれない。それを子ども心につらく思ってきたのかもしれない」

あるいは「子どもを産むまで男性社会での仕事をバリバリやってきたから、『女性は家事・育児があるから仕事をセーブせざるを得ない』と思われたくないのかもしれない。家事・育児を人に任せることができるほど、自分は稼ぐのだと決意しているのかもしれない」

こういったことが見えてきます。

本人は話していても、こういった背景を明確に意識しているとは限りません。自分でもなぜこんな言葉が出てくるのかよくわからないというケースや無意識に話していることのほうが多いと思います。それを聞き手が理解し、「そうか、私はこう思ってきたのか」と気づかせてもらえたからこそ感動するでしょう。

本人も、言葉通りの認識だけでは、つまずくことがあります。家事・育児を人に任せてビジネスを頑張ったものの、「私がやりたかったのは本当にこういうことなんだろうか」と悩むときがあるかもしれません。でも、その言葉の奥にあるものに気づけば、迷いが消えたり、一歩先に進めたりします。**本人も気づいていなかった背景・意図・信念に気づかせてあげられるというのは、人生においても大きな価値のあることなのです。**

レベル4　相手の感情を共有しながら聞いている

相手の感情を自分のもののように味わい、感じながら聞いている状態です。深い共感をしており、それが相手にも100％伝わっています。

相手は「自分のことをわかってくれている」「お互いにわかり合えている」と思います。こんな経験をしたことがない相手なら、涙を流して感動するかもしれません。たとえ初対面で素性がわからなくても短期間で親友のように深い絆で結ばれた間柄になります。

レベル3の背景・意図・信念を意識しながら聞くことでも十分な効果があるのですが、目指したいのはこのレベルです。逆に、人によっては感情を共有することが得意で、背景・意図・信念を意識しながら聞くことのほうが難しい場合もあるかもしれません。背景・意図・信念を飛び越えて、感情を共有することもあり得るのです。

ですから、レベル3と4のどちらもできることを目指すという感じで相手の話を聞いてみてください。

感情を共有するには、すでにお話ししたように「自分自身」をいったん脇に置きつつも、自分の中にある感情を引き出して相手とシンクロさせていく必要があります。まったく同じ感情は無理ですが、似たような感情を引き出して味わうのです。自分を脇に置くのと矛盾しているように感じるかもしれませんが、このときに自分の価値観やルールを持ち出さないということです。

たとえば、「同僚が仕事を頑張っても頑張っても給料が上がらないと嘆くとき、うれしくてニヤけてしまいます。私は副業で給料以上に稼いでいるけど、それを隠して楽しんでいるからです。でも、副業のやり方は絶対教えません」という人がいたとします。そのときに「教えてあげればいいのになぁ」とか「自分だったら、ちょっと悪いなぁと思いそう」などと考えずに、100%相手の言葉を受け止めて感情に共感するのです。ニヤけてしまうほどのうれしさを一緒に味わってみるのです。

レベル2以上ができていれば、感情を共有しながら聞くということは、実はそれほど難しいわけではありません。**相手の感情にフォーカスし、それを一緒に味わおうと思いながら聞く**ことで、レベル4に近づいていくことができるでしょう。

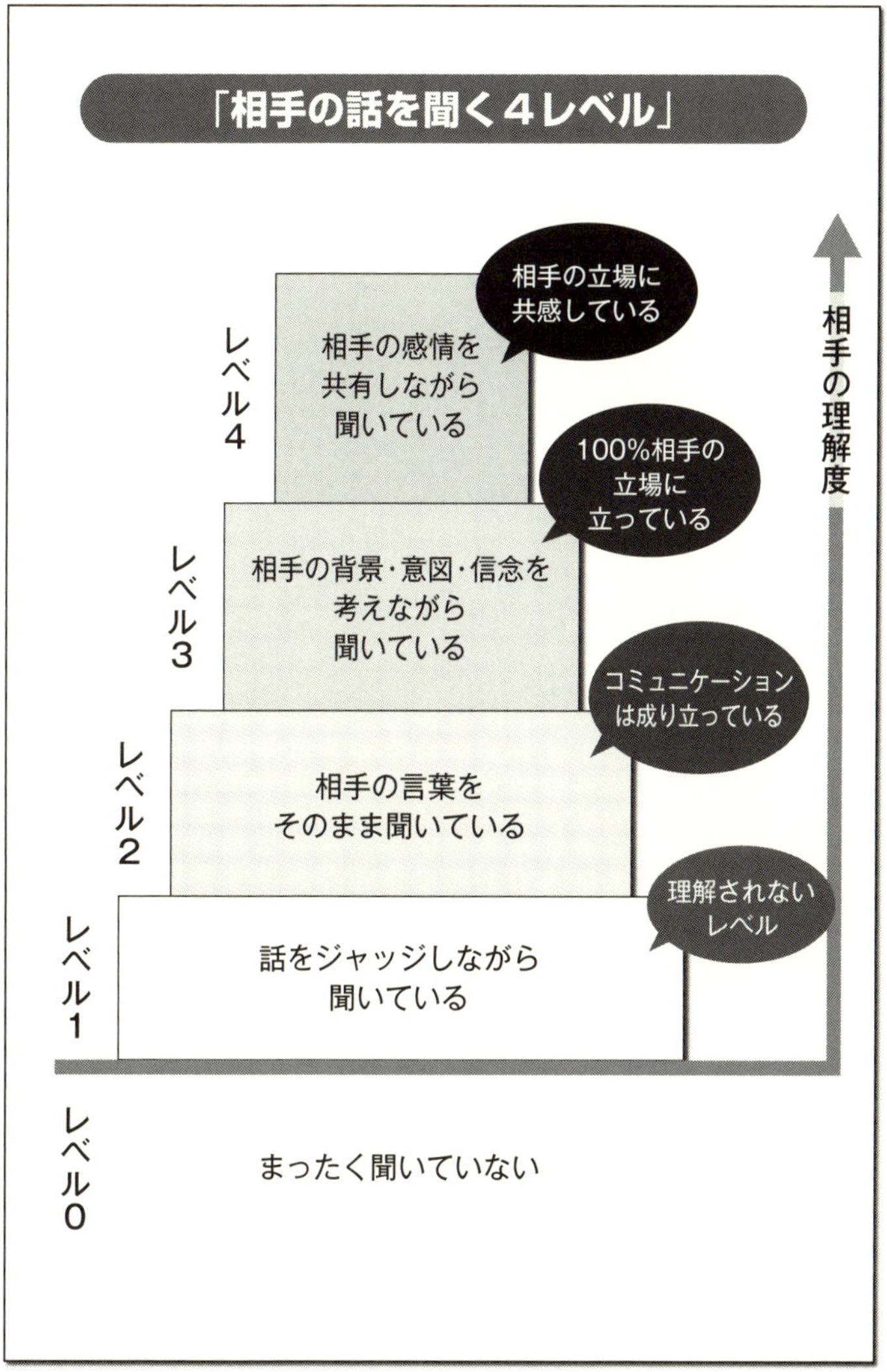
「相手の話を聞く４レベル」
相手の理解度
レベル4
相手の感情を共有しながら聞いている
相手の立場に共感している
レベル3
相手の背景・意図・信念を考えながら聞いている
100%相手の立場に立っている
レベル2
相手の言葉をそのまま聞いている
コミュニケーションは成り立っている
レベル1
話をジャッジしながら聞いている
理解されないレベル
レベル0
まったく聞いていない

ただ、この段階は諸刃の剣とも言えます。相手の感情を味わうことで、自分と相手との境界線がなくなってしまい、エネルギーを消耗しすぎることがあるからです。カウンセラーは、あえてこのレベルを避けるようにしています。

また、都合のいいときだけこのレベルで聞くと、低いレベルで聞いているときに相手は裏切られたような感じがします。人間関係を継続させる気がないならば、むやみにやらないほうがいいでしょう。

相手の感情にフォーカスした聞くレベルを上げるために、レベル2をマスターし、レベル3へとアップしていく

先ほど、ほとんどの人の聞くレベルはレベル0か1という話をしました。レベル1と2の間には「フォーカスしているのが自分か相手か」という大きな差があり、この高い壁はなかなか乗り越えられません。

ですから、聞くレベルにおいて、まずレベル1からレベル2にすることが感情にフ

ォーカスできるかどうかの前提になってきます。

相手の言葉をそのまま聞くことができているかどうかは、話した内容をオウム返ししてみればわかります。

オウム返しは、心理学的な会話のテクニックとしてよく言われます。話し手の言葉を繰り返すと、話し手は「ちゃんと聞いてくれているんだな」と安心して、より話しやすくなるというものです。

同じことを言うだけなんだから、簡単だと思われるかもしれません。しかし、オウム返しを侮《あなど》ってはいけません。実は、相手の言葉を正確に繰り返すのは難しいのです。

K２アカデミーでも、相手の話を正確に繰り返すエクササイズをやるのですが、びっくりするほどみんなできません（会話のテクニックを習得する場ではないので、実際のやり方とは違います）。

Ａさんが話を始めます。

「私は犬より猫が好きです。猫を見ていると、自由で媚びない感じがするので、そういうところが好きです」

それを聞いていたBさんがオウム返しのように繰り返してみます。こんな答えでした。

「Aさんは犬より猫が好きなんですね。猫は媚《こ》びないし、自分を持っている感じがするからですね」

Aさんの言いたかったことが正確に繰り返されていると感じれば100点。でも、ちょっと違うと思ったら70点とか50点とか減点されます。そして、どこが違ったのか確認します。

はたしてBさんは70点と言われてしまいました。オウム返ししているつもりが、微妙に違うことを言っていたのです。Aさんが言ったことは次の意味でした。

「猫が〝自分を持っている〟というのは、そうかもしれないけれど、私が言いたかったのは〝自由でのびのびした感じ〟のことなんです」

つまり、Bさんが思う猫のイメージ、あるいはBさん自身のキーワード「自分を持っている」が勝手に入り込んでしまっていたわけです。

さらに、相手の言葉の意図や背景にまで思いをめぐらせながら聞き、感じたことを話すエクササイズをします。レベル3のエクササイズです。これができれば120点です。

「Aさんは、常識とされているものやお金、権力などに執着せず、そのときそのときでいいと思う方向へ向かうことができる自由さにあこがれているし、それを体現しながら多くの人に伝えたいと思っているのかなと感じました」

こんなふうに感じたことを伝えるのです。Aさんはそれを聞いて、「その通りです」とか「たしかに、そういうところもあるかもしれない」などと教えてあげます。

さて、実際に相手と対面しているときは、質問しながら言葉の背景を想像していけばいいのですが、ネットを通じたコミュニケーションの場合はそうもいきません。ですから、スクールの授業の中では、あえて相手に質問することなく、つまり、**ほとんど情報がない状態で背景・意図・信念を想像する**ことにチャレンジしています。

「この人はこんな子ども時代を過ごして、こう思っていたから、いまこう言ったのではないか」と、そこまでイメージしてみるのです。

想像が間違っていてもいいのです。最初のうちはうまく想像できないかもしれません。それでも相手に集中して、言葉の背景に意識を向ければ、何かしら見えてくることはあります。

あなたが持っている正義感やルールを手放せば、相手の感情をそのまま受け止められるようになる

相手の話をそのまま受け止めようと意識しても、ついついジャッジしたくなる自分が出てくるものです。

ジャッジしながら聞くクセのある人は、攻撃的になりやすいという特徴があります。

自分の考えと違うことを言われたとき、自分が責められたように感じてしまうからです。

「それは違うよ」

「わかってないな」

「どうせ言ってもわからないだろう」

このように自分を守るために、反論したり拒絶したりしてしまうのです。これはこれで苦しいものです。コミュニケーションの中で頻繁に攻撃的になっていれば、相手

には嫌われますし、自分自身の心も落ち着きません。

せっかく「相手の話を聞く4レベル」のレベル2までできるようになったと思っても、いくつか特定の話題になるとどうしてもジャッジしてしまうということもあります。

ここから脱するために、自分の思い込んでいる正義感やルールを紙に書き出してみましょう。

相手の話をそのまま受け止めることができないのは、自分の正義感やルールに反すると感じるからです。あなたの中に「〜すべき」「〜してはならない」と思い込んでいるものがあるはずなのです。

そして、なぜその正義感やルールを持つようになったのかというきっかけも思い出して書き出すようにします。きっかけは、昔、親や学校の先生など周囲の人に言われたこと（直接的な言葉ではなくとも）であることがほとんどです。

こうやって思い込みの原因までたどってみると、自分が持っている信念と他人の持つ信念とは違うのが当たり前で、それは正しい、それは間違っているとジャッジできるものではないということがわかります。そして、**自分の正義感やルールを手放すこ**

とができるようになります。
「SEKAI NO OWARI」の楽曲『ドラゴンナイト（Dragon Night）』に、こんな歌詞があります。

人はそれぞれ「正義」があって　争い合うのは仕方ないのかもしれない
だけど僕の「正義」がきっと彼を傷付けていたんだね

（JASRAC IH2-8283-1）

私はこれを聞いて、まさにその通りだと思いました。自分の正義は人を傷つけることがあります。でも、少なくとも、自分の正義が人を傷つけてしまうかもしれないことを知っている人と、そうでない人とではだいぶ違うと思うのです。
これまで大事にしてきた正義・ルールを手放すのは難しく感じるかもしれませんが、まずはそれが正しいわけではないことを認識することです。

実践問題……感謝の手紙

▼**問題1**　あなたの商品に興味を持ちそうな実在の人をピックアップしてください（1人でも複数人でも可）。

▽**例**　加藤さん、土屋さん

▼**問題2**　その人から1年後に感謝の手紙をもらった設定で、その手紙を書いてください。内容には、「出会い」「当時の悩み」「あなたの商品によってどう変化したか」を入れてください（複数人をミックスした人からの設定でも可）。

▽**例**　65ページ参照

解説

スクールでも、見込み客を明確にする目的で取り組んでもらっている課題です。本文の中で解説した通り、一般的なペルソナ作りよりもはるかに感情を入れることができるのがこの方法のいいところです。ぜひあなたにもやってもらいたいので、実践問題として取り上げました。

この手紙にあなた自身が感情移入できるほど、ビジネスはうまくいくようになります。いったんお客さまになりきって悩みを考えることになりますし、それを解決することこそ、自分のやりたいことなのだと自覚できるからです。

そうなれば、迷いはなくなります。自信を持って行動できるようになりますし、何かにつまずいたときもこの手紙に書いたように「○○さんにこうなってもらうためにはどうしたらいいか」と考えることができるでしょう。

実際に手紙を書いてみた人からは、「周囲からも賛同を得られるようになった」という声を聞きます。それまでひとりよがりに陥りがちだったのが、お客さまの視点を得たことでバランスが取れ、応援したくなるビジネスに変化していったのです。

実践問題……自分の正義・ルールを見つける

▼問題1　最近、人の話を素直に聞けなかったことがあれば、それを思い出してください。その人の話のどこがひっかかったのか書き出してください。

▽**例**　部下が「クリエイティブな仕事に憧れてこの業界に入ったけれど、実際はルーチンも多いし予算も納期も足りなくてクリエイティブどころじゃない」と愚痴っているのを聞いて、イライラした。

▼**問題2**　なぜ引っかかるのか、そこにはどのような正義・ルール（価値観）が隠れているのか考えて書き出してください。

▽**例**　仕事なんだから当然ルーチンだってあるし、予算や納期など制限もある。それが当然なのに、「面白いことだけやりたい」と思っているように見え、その甘さに腹が立つ。「仕事をなめるな」と思ってしまう。

「仕事では面白くないことも文句を言わずやるべきだ」「仕事はそもそもそんなに面白いものじゃない（クリエイティブなものじゃない）」という価値観？

解説

本文の中では、ルールを手放すエクササイズとして自分の思い込んでいるルール・正義を紙に書き出す方法を紹介しました。「～しなければならない」「～すべき」と思っていることを思いつくまま書き出すのもいいのですが、この実践問題のように、最近素直に聞けなかった話をきっかけにすると、普段意識していないルール・正義に気づくことができます。

例では、部下の愚痴をそのまま受け止めることができず「仕事をなめるな」と思ってしまう背景をたどってみると、「仕事はそもそもそんなに面白いものじゃない」という価値観が隠れていることに気づきました。

一歩進んで、この価値観を持つようになったきっかけを思い出すことができれば、それも書き出してみましょう。かつて上司に言われたことなのかもしれないし、子どもの頃に親が言っていたのかもしれません。

それは本当に持ち続けたい価値観でしょうか？

必要のないものだと思えたら、手放してしまいましょう。大事なものだと感じたら、無理に手放す必要はありません。ただ「自分はこういう価値観を持っているのだな」と見つめるだけでOKです。

今後この価値観と違うものに出会ったときは、いったん自分の価値観を脇に置いて相手の話に耳を傾けるようにすればいいのです。

第3章

お客さまの「本当の感情」を引き出すトリガー

ネットの向こう側にいる顔の見えない相手から感情を引き出すことは、マーケティングでは最も重要

前章でお話しした「聞く力」は、基本的にネットでもリアルでも同じように使えるものです。ただ、感情が出にくいネット上のコミュニケーションでは、聞く力を発揮するのが難しいと感じるかもしれません。対面であれば、背景・意図・信念について質問をし、情報を集めていくことができますし、表情や声音などから感情もわかりやすいからです。さらに、質問することによって感情を掘り下げていくことも難しくありません。

それでは、顔の見えない相手からは、どうやって感情を引き出せばいいのでしょうか。

まだ関係性のない相手とネットを通じて文字だけのやり取りをする場合、本当にそっけない文章で感情がわかりにくいことがあります。

たとえば、こちらから起業やビジネスに関する情報を提供する動画をプレゼントし、

それに対する反応として非常にそっけない1文だけのコメントがついたとします。

「結局こんなものなんですかね」

相手はどんな人なのかまったくわかりません。性別も年齢も、どういう話し方をする人なのかもわからないし、どういうテンションで言っているのかもわかりません。

こんなそっけないコメントがきたら、おそらく多くの人はむっとして「どういう意味かよくわからないので、もうちょっと説明してもらえないだろうか」などと反応してしまうのではないでしょうか。あるいは、「ご期待に沿えず申し訳ありませんでした」と表面的に謝ってスルーするか……。

でも、聞く力を発揮するのであれば、こんなひと言でもやりようがあります。もちろん相手のことはわかりませんが、それでもわからないなりに、言葉の背景や意図を想像するのです。

なぜそう言ったのだろうか？

「自分が思った通りじゃないか」と言いたいのだろうか？

つまり、「結局こんなものなんですかね」と相手に言いたくなる状況、心境はどういうものか想像するのです。コメントの送信時間を見て「忙しいのだろうか」「眠れないのかな」と考えることもあります。

そして、意図がわからなくても、「ガッカリしているのかな」と感情にフォーカスすることができます。そうしてみると、「結局」という言葉遣いに何か隠れているような気がします。今度こそと期待していたけれど、その期待を超えることがなくてガッカリしているのかもしれません。

想像が合っているかはさておき、相手の感情を見抜いたら、その感情を捉えた言葉で返信します。

「ガッカリされたようですね。これまでよく勉強してきたから、それ以上のものを期待したけれど、結局同じだと感じられたのかもしれませんね」と。

ネット上では、こうした前提のうえにコミュニケーションのキモが存在します。そもそも、**1行のみのそっけない文章を書かせない**ことです。

たとえばこんなふうに、背景を言いたくなってしまう場を作ることが大切です。

「私は昔から人に好かれず、友達と呼べるような人はいません。でも、自分がお金持ちになれば、周囲に見直されるだろうし、レベルの高い友達ができるに違いないと思っています。だから大きく稼ぐスキルは自分にとって必須なのです。期待して動画を見ましたが、自分には難しいコミュニケーションの話があり、頭に入ってきませんでした。結局こんなものなのですかね」

せめてこのくらい語ってくれれば、いろいろわかります。この人は「（稼ぐことによって）友達に尊敬されたい」という願望を持っています。「結局こんなものなのですかね」は、どちらかというと〝自分自身〟にガッカリしているようです。わかっていたことだけれど、やはりコミュニケーションは避けて通れないのか……という気持ちが表れた言葉であるということがわかります。

その人の悩みや願望を思わず語りたくなってしまう場を作ることは、私が持っているノウハウの重要な部分になります。

12時間で5億円を超える注文をいただいた話はしましたが、私はこれ以外にも1億、2億の売上を何度も上げています。億単位のお金が動くのは、何千人もの人が欲しいと思う商品を作って提供しているからであり、そういう商品を作るために、複数の顔の見えないお客さまの感情を引き出すことをやっているからです。

見込み客の悩み・不安を解決し、願望を叶える商品を作って、それが欲しいという人の前に差し出すから、当たり前のように売れるというわけです。

そして、これまでお話ししてきたように、単に目の前に差し出すということではなく、そのときにはもう見込み客との信頼関係ができているのが重要です。

1行のコメントであれ、背景まで語ってくれるコメントであれ、悩み・不安・願望を聞きっぱなしにせずに共感します。本気でお客さまの感情に寄り添い、コミュニケーションをとっているから、信頼してもらえます。

つまり、お客さまの感情を引き出すことで、**「商品に生かすこと」**と**「信頼関係を築くこと」の両方をやっている**わけです。

お客さまの感情を引き出すことは、マーケティングにとって欠かせないスキルなのです。

この章では、顔の見えないお客さまの感情をも引き出すことができる質問力について解説していきます。

「悩み・不安」「願望」という感情は、お客さまとの距離をグッと縮めるトリガーワード

短期間でお客さまとの信頼関係を構築するには、相手の感情にフォーカスし、共感することだということは何度もお話ししましたが、とくに見抜くべき大事な感情というものがあります。

人間が根源的に持っている**「悩み・不安」「願望」**です。

これは人間の３大感情と言われる「快感、恐怖、怒り」の中で、最も強いとされる「恐怖（悩み・不安）」、そして「快感（願望）」を意味します。恐怖が解消されれば快感を求めるという、いわばセットのような感情です。

ですから、「悩み・不安」「願望」について話してもらったり文章にしてもらったりすることができれば、商品を売ることは簡単なのです。

そもそもすべてのビジネスは問題解決をするものです。お客さまの悩みや不安を解消したり、願望を叶えたりするから、お客さまはお金を払うのです。つまりそこには

必ず悩み・不安や願望があるということです。

たとえば、養毛剤を買うのは頭髪が薄いという悩みを解消したいからだし、ダイエット食品を買うのは痩せて健康的になるという願望を叶えたい（太っているという悩みを解消したい）からです。トイレットペーパー1つとっても、トイレで紙がないという事態が起こったらどうしようという不安を解消しています。

ですから、感情の中でも「悩み・不安」と「願望」に注目していくのです。

うれしい、楽しい、悲しい、ガッカリ、恥ずかしい……など感情にはさまざまありますが、ここで言う「悩み・不安」「願望」は、人間が持つとくに強い感情です。

つまり、強い感情を引き出すことができるほど、共感によって関係が深くなりやすく、商品も売れるのです。

それでは、強い感情である「悩み・不安」「願望」は、具体的にどんな言葉に現れるのでしょうか。見込み客にいろいろ話してもらうことができても、その言葉の中のどの部分に注目すればいいのかわからないケースはあるかもしれません。

私のビジネススクールの生徒さんでも、見込み客の言葉の中の「ワクワクします」

という部分に共感をしたけれども、なかなか信頼関係構築まで至らなかったという人がいました。

たしかに「ワクワク」も感情ですし、文脈によっては掘り下げることで深く共感することも商品に生かすこともできるでしょう。しかし、もともとそこに強い感情がないのに、言いやすい言葉として「ワクワク」が出てきただけであった場合、いくら掘り下げようとしてもうまくいきません。

感情を引き出す対話に慣れれば、その勘所もわかるものですが、最初のうちは難しいと思います。そこで**「感情トリガー一覧」**を作りました（次ページ参照）。これは、一般的に強い感情が隠れているものを集めたものです。

一般的な感情の強さによってレベルを分けており、レベル4が最も強い感情となります。もちろん、文脈によって変わりますので、1つの目安と考えていただければと思います。たとえば「○○ができない自分に嫌気がさします」という表現よりも「自分と違って○○できている××さんがうらやましいです」のほうが感情が強く、「○○できない自分が情けないです」のほうがさらに強いという感じです。

ここに出てきたキーワードが言葉として出てきたら、あるいはそのキーワードを感

感情トリガー一覧

【レベル1】

煮えくり返る
嫌気
身震いがする
不機嫌
ゾッとする
心細い
ムカムカする嫌悪感
恋しい

【レベル2】

絶望
かわいそう（自分も含む）
安らぎ
切ない
ホッとする　安心
ムカつく
わびしい
憎い
哀れ
しらける
やるせない
おもしろくない
救われる

【レベル3】

後悔
こんなはずじゃない
怖い
不安
虚しい
あこがれ
うらやましい
悔しい
憤る

【レベル4】

恥ずかしい
みじめ
つらい
孤独
寂しい
嫉妬
情けない

※レベルが上がるにつれて、強い感情になる。

じさせる言葉が出てきたら、そこに注目し掘り下げていきます。
キーワードを感じさせるとは、たとえば「一般庶民の感覚としては許せない」という言葉があった場合、ここに「嫉妬」の感情が見えるので、レベル４の強い感情である「嫉妬」として注目するということです。

これらの感情を引き出すためにどういった質問をすればいいかについては次にお話ししますが、こちらから情報発信するときも、ここに出てきた感情に関する話をすると共感を呼びやすいということをつけ加えておきます。

見込み客に質問をする前に、たとえば「自分はこういうことで情けないと思った」といった話をして、情けないという感情にまつわる話がしやすい場を作るのです。しやすいというより、相手もそれについて何か言わずにはいられないという場にできれば最高です。

「伊勢さんの情けない過去を知って、安心しました。実は私もこういう情けない状態なのです」というように引き出していくのです。

私たちはネガティブな感情を吐露するのは良くないこと、カッコ悪いことだという認識があるので、自分からはなかなか言いにくいものです。

でも、言っても大丈夫だと感じられる場で「この人なら自分の気持ちをわかってくれそうだ」と思うと、途端に言いたくなるのです。

ここの壁を超えれば、顔が見えないからこそカッコつけずに正直に話せるというネットの良さが出てきます。

リアルでも、相手が話しやすくなる場作りとして、こちらから「悩み・不安」「願望」に関する話をするのは有効です。

お客さまから「悩み・不安」「願望」という感情を引き出す質問リスト

それでは、「悩み・不安」「願望」を引き出すために、具体的にどういった質問をすればいいか見ていきましょう。

感情トリガー一覧と同様、私がこれまでビジネスの中で試行錯誤を繰り返し、効果的だった**「感情を引き出す質問リスト」**にしています。

ポイントは、いかに相手に答えやすくするかです。とくにネットの場合は、ちょっと考えても言葉が出てこなかったりすると、質問に答えるのをやめてしまいます。ですから、質問自体をわかりやすく簡潔に、かつ、どう答えるのがいいかイメージできるようにします。

回答例を示したり、他の人の回答が見えるようにしておくのも1つですし、「感情を引き出す質問リスト」の次に紹介している「感情を引き出す質問のための準備」も重要になります。具体的に詳細に答えてもらえるよう、準備するのです。

質問リストには「悩み・不安編」と「願望編」の2種類あり、それぞれ使う頻度の高いものから順番になっています。

【感情を引き出す質問リスト】（悩み・不安編）

1．夜寝る前に浮かんでくる漠然とした不安や恐怖を教えてください。

単に「漠然とした不安や恐怖を教えてください」と聞いても、なかなか思い浮かばないかもしれません。

でも、「夜寝る前に」とつけると、かなり答えやすくなります。眠りにつく前、布団の中でモヤモヤと浮かんでくるものは、ネガティブな感情であることが多いもの。「そういえば、寝る前にいつもこんな不安が出てくるなぁ」と思い起こしながら答えることができます。

2. ちょっとした悩みを教えてください。ちょっとした不安を教えてください。

シンプルに「悩み・不安」を尋ねる質問ですが、「ちょっとした」とつけると答えやすくなります。

「こんなことは話すまでもないかな」と飲み込んでしまうような悩みや不安でも、気軽に出してもらえるようにした質問です。

3. 人には相談できない悩みや不安はありますか？（あるとしたら具体的に教えてください）

2とは逆に、深刻な「悩み・不安」について尋ねる質問です。

相手に何と思われるか不安で相談できない、恥ずかしくて相談できないなど、強い感情があるからこそ気軽には人に言うことができないのでしょう。答えやすい場作りも重要ですが、「人には相談できない」とあえて言うことで、ここでは気にせず話していいんですよということを暗に示しています。

4. 現在抱えている問題、課題を教えてください。

願望とセットにして聞くことが多い質問です。

こうなりたい、これを手に入れたいという願望があるからこそ、それを阻む問題や解決すべき課題があります。願望を明確にしていると、この質問にも答えやすくなります。「会社を辞めて起業したい（＝願望）けれど、妻の同意を得られていない（＝課題）」などです。

逆に、現在抱えている問題、課題に焦点を当てることで、願望が見えてくることもあります。「仕事の受注に波があり、忙しいときは睡眠時間を削ることになってしまうのが課題」だとするなら、「仕事の量・時間を自分でコントロールしたい」といった願望があるはずです。

5. 最近イライラしていることを教えてください。

6. 最近困っていることは何ですか?

7. 最近怒ったことは何ですか?

「悩み・不安」を「イライラしていること」「困っていること」「怒ったこと」と言い換えて具体的に尋ねる質問です。

その人の持つ悩みは同じでも、聞き方の角度を変えると違った答えが出てくることがあります。ほかの質問と上手に組み合わせながら使っていきます。

8. 友人が愚痴っていることは何ですか?

友人の「悩み・不安」を尋ねる変化球です。

基本的には本人の「悩み・不安」を聞くのに加えて聞きます。友人の愚痴なら答えやすく、これを答えることで本人の「悩み・不安」も具体的になる効果が見込めます。

9．これまでの人生で後悔していることは何ですか？

誰しも「あのときこれをやればよかった」「やらなければよかった」といった後悔はあるもの。それは「悩み・不安」や「願望」にリンクしていることはもちろん、その人の背景や信念に影響していることが多いと言えます。

たとえば、「仕事に追われて大切な友人からの誘いを断り、ないがしろにしていたら、その友人が突然事故で亡くなってしまった。忙しいからと友人に優しくできなかったことを後悔している」といった場合、「時間的・精神的余裕を持った働き方がしたい」という強い願望、「いつも友人に優しくあるべき」という信念が背景にあることがわかります。

【感情を引き出す質問リスト】（願望編）

1．1年後の目標を教えてください。

1週間後や1カ月後では「達成できないのでは」という気持ちが邪魔して控えめになりすぎますし、10年後だと抽象的になるので「1年後」を聞くことが多いです。1

年後なら具体的なイメージがしやすくなります。

こういった具体的な目標を聞くときは、答えることが本人のためになることを伝えます。夢や目標は明確にして書き出すことで実現しやすくなります。実現のためにも、真剣に答えてもらうようにするのです。

2．何％の確率で目標は達成できますか？　１００％でないとしたら、足りないものは何ですか？

目標達成のためにいま足りていないもの、目標達成のために必要だと思っているものを尋ねる質問です。

１００％目標は達成できると考えているのなら何も問題はないわけですが、ほとんどの場合は何か不足しているものがあります。そこを解決してあげたいわけです。

3．もし月収１００万円あるとしたら、どんなライフスタイルを送りたいですか？

手に入れたいライフスタイルを尋ねる質問です。

あらゆる商品を「欲しい」と思う背景には、その人が手に入れたいと思っているライフスタイルがあります。質のいい天然素材の洋服が欲しいのは、心地よくナチュラルな気分でいられるライフスタイルがいいと思っているからだし、キャンピングカーが欲しいのは、アウトドアを楽しむライフスタイルを好んでいるからです。さらに言うと、そういったライフスタイルを送っているように見られたいという願望がひそんでいます。

「もし月収１００万円あるとしたら」と条件をつけることによって、「お金がないからできない」という考えを取り払って、イメージしやすくしています。

4. あなたの100点の人生を教えてください。120点にするとどうなりますか？

２００点の人生はどんな人生ですか？

「自分はこんなものだ」という思い込みを外して願望を引き出すために、「１２０点」「２００点」と聞いています。

普段考えている１００点を越えて考えなければなりませんから、気づいていなかった（抑圧していた）願望が出てきやすくなります。

5. もし、時間もお金も家族もすべてを気にしないとしたら、本当にあなたがしたいこと、生きたい人生は何ですか？

多くの人は、「時間がない」「お金がない」「家族が反対する（家族を養わなくてはならない）」といったいろいろな制限の中で夢や目標を小さく考えるクセがついてしまっています。

でも、本当に心の底から叶えたいと思う願望だからこそ、エネルギーが出てくるというもの。問題解決に向けて行動もできるのです。本当の願望に目を向け、言葉にしてもらうための、制限を取り払う質問です。

6. 朝起きてから寝るまでの理想の1日を教えてください。どんな場所に住み、何を見て、どんな仕事をして、どれくらいの収入があって、どんな趣味を持っていて、誰と会い、どんな感情を感じ、何を食べて過ごしていますか？

これも理想のライフスタイルを聞く質問ですが、具体的にイメージしつつ詳細に答えてもらうために、住む場所から食べ物までイメージの取っかかりとして具体的な情景を出しながら聞いています。

7.（お客さまになりきって）お客さまから届く感謝の手紙を書いてください。

ペルソナのところでお話しした通り、お客さまからの感謝の手紙を書くことは、お客さま像を明確にし、そこに感情を入れる効果があります。同時に、「お客さまからこういう感謝をされたい」という願望を明確にします。

お客さまでなく、身近な人からの手紙を書いてもらうこともあります。その場合、その身近な人との間にある悩みや、そこから発生している背景が見えてきます。親にもっと愛されたかった、あのとき謝ってほしかった、夫にもっと理解されたいなどがわかってきます。

とくに身近な人からの手紙は、書くのにエネルギーが必要で簡単ではないため、この質問は最初の段階ではめったに使いません。セミナーの中などで、ある程度関係性ができている人に対して使います。

感情を引き出す質問に答えてもらえるかどうかは、質問を投げかける前の準備段階で決まる

すでにお話しした通り、ネットでのコミュニケーションは、相手にしゃべってもらうのがとても難しいものです。こちらが一生懸命話しかけても、一方通行になってしまうのはよくあることです。パソコンの画面は「見るもの」で、書き込むことは滅多にないという人は多いですし、そもそも書くこと自体面倒ですから。

しかも、リストにある質問は、なるべく答えやすい工夫をしているとは言っても、考えなくても書けるといった類のものではありません。

「自分にとって理想のライフスタイルはどういうものだろう」

「海外旅行をたくさんして……。いや、旅するように暮らす感じかな」

「家族で海外に暮らしながら仕事をするっていいな」

その人が自分自身と対話するようにして考え、言葉にしていく必要があります。答えたい！　というモチベーションがなければ、なかなかできるものではありません。

そこで、質問をする前に準備をしっかり行います。

最も重要なことは、**質問に答える理由を用意する**ということです。書くのが面倒だとか言っていられないくらい、魅力的な理由。しかも「適当に書けばいいや」ではなく、真剣に答えずにはいられなくなるようにするのです。

1つは、プレゼントを用意することです。質問に答えると、その人が本当に欲しいと思うようなプレゼントがもらえるようにします。無料で提供するからといって、価値が低いものではダメです。

このプレゼントが期待を上回るものでなければ、信頼関係を構築することができません。質問に答えてくれる見込み客にとって、実際に効果があり、「これが無料なんてすごい」と思ってもらえるプレゼントを用意したいところです。

そして、プレゼント以上に重要なのが「感情的な理由」です。

プレゼントだけでは答える動機として弱いからです。逆に言うと、「感情的な理由」をしっかり用意できれば、プレゼントはなくてもかまいません。

「感情的な理由」とは、その人の感情が動かされて**「質問に答えたいと思ってしまう理由」**ということです。

最も感情が動かされる理由は、質問に答えることが誰かを救うというもの。

たとえば、家を購入した人に対して「人生で最も大きな買い物である家をひと足先に購入した先輩として、これから買いたいと思っている方にメッセージをいただけますか」という聞き方をします。すると、家の購入を決めるまでにはずいぶん悩んだことを思い出し、この経験が誰かの役に立つならうれしいと感じて質問に答えてくれるのです。

これは人の感情の中で最も高尚なものとされる「貢献」という感情です。人は自分がメッセージを書くことで誰かが助かる、喜んでくれると思うから、それが答える理由になるのです。また、見知らぬ誰かのためになるという理由だけでなく、質問者のためになる、答える人本人のためになるという理由でも感情が動きます。

【質問者のため】

「いま作っている商品はあと一歩で完成です。ただ、最後のツメのところで迷っています。最高のものに仕上げたいので、あなたの声を聞かせてください。あなたがこの質問に答えてくれることで、この商品は素晴らしいものになるのです」

【本人のため】

「この質問に真剣に答えることで、あなたは大きな気づきを得ることができ、一歩成長するはずです」

このように、質問者でも本人でも、とにかく質問に答えることが「誰かを救う」というのは強い理由になります。

これは商品を販売するときも同じです。安く売る、つまりプレゼントと同様に金銭的効果があるだけでは、買う理由として弱いのです。そこに感情的な理由があれば、お客さまは行動を起こしやすくなります。

たとえば、「決算セール」「閉店セール」と言われてもとくに感情は動きません。でも、「倉庫が火事になってしまい、かなりの商品が焼けてしまいました。無事だった商品を少しでも販売しないと、来月の売掛金が払えません。あなたのお気に入りのものがあれば、当店で買っていただけないでしょうか」と言われれば、感情が動きます。単に「本日は牡蠣が50%オフ」と言われたら、「賞味期限切れギリギリの悪いものなのかな?」と思ってしまうかもしれません。でも「今日は牡蠣を大サービス! アルバイトが発注をミスしてしまい、大量の牡蠣が届きました。余ったら捨てることになってマイナスなので、それより少しでも多くの方に食べていただきたいと思います」と言われたら、「じゃあ友達を連れて食べに行こうかな」と思います。

このように、売り手側の勝手な理由だったとしても、感情を動かすことができればお客さまは動いてくれるのです。

そのほか質問に答えてもらうための準備としては、すでに触れたように共感できるストーリーを提示するというものがあります。感情トリガー一覧にあるような感情にまつわる話をして共感してもらい、「私もこういうことがあった」「こういう悩みがある」と言いやすくするのです。

このようなお客さまを巻き込む効果的なストーリーの作り方は、次章で詳しくお話しします。

自分の知っている現実は想像でしかない。見込み客の本当の感情から「現実」を知る

質問に答えてもらうことで、見込み客の感情を知ることができました。ここで「聞く力」を発揮して、信頼関係を深めていきます。自分を消して相手の感情にフォーカスし、共感するということでした。

ただ、ネットでは対面の場合と違って、その場で共感していることをわかってもらうことができません。

ですが、共感しながら話を聞いている（読んでいる）かどうかは必ず伝わります。1人ひとりに返信のメッセージという形で伝えることができれば最もいいですが、それができなくても、ブログやメルマガ等での情報発信やセールスレターで伝えることができます。

それは、共感した内容を入れて「私のことが書いてある」「私に向けて書いてくれている」と思ってもらうことです。

難しく考えることはありません。

それほど意識しなくても、こちらが共感していることは自然と文章に表れます。見込み客の「悩み・不安」や「願望」を知る前とは全然違う文章になるはずなのです。

「見込み客はこんなことで困っているのではないか」「こうなりたいと思っているのではないか」と想像することは大切です。ですが、それはあくまでも想像。自分のフィルターを通して考えることしかできない時点で、大きな成功は望めません。

自分ひとりの想像力なんて、たかが知れているのです。

実際に質問に答えてもらうことで、見込み客の「現実」が集まります。それは自分の持っている「現実」とは違うのです（「現実」とは、その人に実際に見えている世界という意味で使っています）。

以前、インターネットビジネスに興味のあるサラリーマンに質問に答えてもらったとき、こんな回答がありました。

「毎日スーツを着せられているのがイヤだ。自由な服を着ている人が本当にうらやましい」

起業して自由な働き方をするというと、時間や場所に縛られないことを真っ先に思い浮かべるのですが、たしかに「自由な服」というのもあるのですね。この人にとっては〝服を自分で選択すること〟が重要なのです。

また、「ものを言えるサラリーマンになりたい」という願望もありました。

別に収入源があったら、理不尽なことを我慢して受け入れるのではなく、上司にハッキリとものを言うことができるというのです。

この「現実」を知ったからこそ、私はそれまで気づかなかったことにも気づくようになりました。実際、インターネットビジネスでサラリーマンとしての給料以上に稼ぎながら、会社を辞めない人たちはいます。そして、私は見込み客に対してこんな話ができるようになりました。

「サラリーマンとして仕事を続けながらインターネットビジネスを成功させ、上司にものを言えるようになったという人がいます。会社の給料以上に稼いでいるので、会社のほうはいつ辞めてもかまわないという気持ちがあります。でも、辞めません。なぜなら彼にとっては、収入が2つあって生活が安定し、それぞれの仕事に執着しすぎずにチャレンジできる、いまの状態が最も気持ちのいいものだからです。

それだけではありません。会社で理不尽なことがあったときに、それまでは目をつぶって我慢していたところを、ガツンと言えるようになったおかげで、周りからの評価が高まりました。なかなか自分の意見をハッキリ言わない同僚が多い中、彼はハッキリ言うので『骨のあるヤツだ』と思われて、責任ある仕事も任せてもらえるようになり、出世したのです」

こういう話は、自分の頭の中だけで想像していたら書けなかったことです。

前にも自分の正義やルールが正しいわけではないという話はしました。同じように、私たちはそれぞれ自分の「現実」というものを持っています。そして、**他人の「現実」が自分の「現実」と違うことになかなか気づくことができない**のです。

お客さまに直接質問することで、お客さまの「現実」を集めることができます。そしてそれは、自分自身の「現実」を広げていくことにもなるのです。

ビジネスだけでなく、あらゆる人間関係を支配する人間の根源的な欲求とは何か？

この章では、見込み客の感情を引き出す方法についてお話ししてきました。感情の中でも「悩み・不安」「願望」に注目をし、そこに共感をすることで、商品作りに生かしつつ信頼関係を築いていくという方法です。

ただ、最後に１つ重要なことをつけ加えさせてください。

「悩み・不安」「願望」の奥底にあるものは何か、という話です。

たとえば「悩み・不安」「願望」を具体的な感情に落とし込んだ「感情トリガー一覧」のレベル４にはこんな言葉が並んでいます。

「恥ずかしい」「みじめ」「つらい」「孤独」「寂しい」「嫉妬」「情けない」。

実はこれらすべての根っこには、１つの欲求があります。人間の根源的な欲求と言えるものです。

それは何だと思いますか？

これがわかっていれば、ネット・リアルにかかわらず、どんなビジネスでも成功します。しかもビジネスだけではなく、家族、恋人、友人、上司・同僚などさまざまな人間関係も良くなります。そのくらい、幸せに生きるために重要なことなのです。

この本をここまでお読みのあなたは、もうおわかりでしょう。

それは**「自分のことをわかってほしい」**というものです。

人間のすべての感情の奥底には、「自分のことをわかってほしい」という欲求が横たわっています。

自分をわかってほしいから、怒ったり泣いたり、恥ずかしかったりみじめになったりするのです。

人は他人からわかってほしくて生きていると言ってもいいくらいです。

1つひとつ複雑でさまざまな「悩み・不安」「願望」の表現として出てくる感情ですが、その根っこにあるものを忘れないでください。そうしないと共感も上滑りになってしまうことがあります。

逆に言えば、自分とまったく違う現実を持った相手であっても、感情の根っこの部分に思いを馳せることができれば、共感することは難しくありません。どんな相手の感情にも、心から共感することは可能なのです。

実践問題……悩み・不安を書き出す

▼**問題１**　あなた自身の悩み・不安を５分間使って書き出してください。何かにつけて思い出してはイライラしたり考え込んでしまうこと、眠れなくなってしまうこと、常に頭を離れないモヤモヤがあったら、それを紙の上に出してみましょう。

▽**例**　便利屋として起業することを周りの友人に伝えたとき、口では「うらやましい」とか「頑張って」と言っていたけど、本心は「どうせ失敗するだろう」と思っているのだろうと感じてモヤモヤした。友人の夢を心から応援できないのってどうなのかな。

同時に、心から応援したくなるような話ができない自分が情けない。プレゼン能力がないのは、起業にあたってマイナスなのではないだろうか……。

▼**問題2**　お客さまの悩み・不安を想像し、5分間で書き出してください。お客さまにとっての、何かにつけて思い出してはイライラしたり考え込んでしまうこと、眠れなくなってしまうこと、常に頭を離れないモヤモヤはどのようなことでしょうか？

▽**例**　いつかやらなければと思っている遺品の整理だけど、どうしても重い腰が上がらない。ときどき全部捨ててしまいたくなる。いや、そんなことはできない、ちゃんと見てそれぞれ適切な場所に納めなければと思って先延ばし。本や服は売れるのだろうか。何だかわからないものが出てきたらどうしよう。処分しにくいものがあったら？　考えることもやるべきことも多すぎるような気がしてしまう。でも先延ばしするほど、モヤモヤが大きくなってきて１日中心が晴れない。

解説

「お客さまが悩んでいること、不安に思っていることは何ですか?」と聞いてみると、ちょっとズレた答えが返ってくることがよくあります。お客さまのことはもちろん想像しているのですが、本気で感情に寄り添うことができていないのです。

たとえば、「コミュニケーションで悩んでいる」というのは、いままさに悩んでいる本人の言葉ではありません。

「なぜあの上司は私にばかりつらく当たるのだろうか。私は同僚と違って上司のご機嫌をとることがうまくないからだろうか」とか、「どうして私は好きな人には好かれず、イヤな人にばかりつきまとわれるのだろうか」といったように、具体的な言葉で悩んでいるはずです。

例に挙げた遺品整理にしても、悩んでいる本人の言葉は「適切な処分の方法がわからない」「やるべきことが多すぎて1人では手に負えない」とはならないでしょう。

この実践問題では、先にあなた自身の悩み・不安を書いてもらいましたので、お客さまの悩み・不安も言葉にしやすくなったのではないでしょうか。「何かにつけて思い出してはイライラしたり考え込んでしまうこと、眠れなくなってしまうこと、常に頭を離れないモヤモヤ」としたのは、頭の中を占領している悩み・不安を見つけてほしいからです。

一般的にお客さまの悩み・不安が深刻で緊急性が高いほど、それを解決するビジネスはうまくいきます。眠れないくらいの悩み、ごはんも喉を通らないくらいの悩みを解決してくれるなら、いますぐお願いしたいと思いますよね。

一方、たまに思い出す程度で普段は忘れているくらいの悩みの場合は、「それを解決しますよ」と言われてもなかなか行動しません。お客さまに振り向いてもらうのが難しくなるのです。

ですから、なるべく強い悩みを見つけることが重要です。

ここでは想像してもらいましたが、実際に見込み客に聞くことができる人は、ぜひ聞いてみてください。

第4章

人の感情を見抜くために必要なマーケティング

お客さまは売られることを嫌う一方、買うことは大好き

ここまで説明してきたことを実践できれば、あなたはもう見込み客に大きな信頼を寄せられるようになっていると思います。

スピード重視でコミュニケーションが雑にならざるを得ず、本当に自分を理解してくれる人がほとんどいない中で、あなたは「理解者」なのです。

そうなれば、あなたが勧めてくれるものなら、買いたいと思ってくれるでしょう。

ただ、信頼関係ができている状態でも、最後の詰めはやはり大切です。多くの人が最後の部分で間違うのが、「売ろうとする」ことなのです。

人は誰でも売られることが嫌いです。一方、買うことは大好きです。自分の意志で買うときは、買ったあとのことをイメージしてワクワクし、何かを得た！　という実感を持つことができます。しかし、売られているときは、何かを奪われていると思います。微妙な差のようですが、大きな違いなのです。

買う・買わないは100%相手に選択権があります。これは揺るぎない真実です。それを忘れると、買わない人を切り捨てるような雰囲気が出たりします。そうなれば、これまで築いてきた信頼関係にもヒビが入るでしょう。

売るのではなく、**「買わせてあげるのだ」**と肝に銘じてください。

買わせてあげるとは、相手が買う、その決断をサポートするということです。

買う決断をサポートするには、遠慮して「もし興味があれば、どうですか?」と言うくらいではダメです。しっかり打ち出して、行動を促さなければなりません。かつ、それが「説得」になってはいけないということです。

このように言うと難しく感じるかもしれませんが、お客さまの感情を知っていれば簡単です。いわゆる「顧客心理」に沿って、あと押ししてあげればいいのです。

この章では、ものを買うときのお客さまの心理、感情を引き出すストーリー、ずばり商品を買っていただくセールスレターなど、顧客心理(感情)に沿った伝え方についてお話ししていきます。

お客さまはウソをつく。「論理はあと付け、感情が先」という購買心理

商品を買うことを決めたときのお客さまの気持ちは、どのようなものでしょうか。

お客さまの購買心理を知るために、直接「どうして買ったのですか?」と聞くのも1つの方法ですが、気をつけなければならないことがあります。

それは、**お客さまはウソをつく**ということです。

ただ「ウソ」というのは正しい表現ではありません。お客さまは何も騙そうと思ってウソを言うわけではありません。実は買った瞬間の感情と「どうして買ったのですか?」と聞かれたときの感情は、まったく違うからです。


「作話」という言葉をご存じでしょうか。

作話とは、無意識に取った行動を、さも最初から意識していたかのように正当化することを言います。本当は無意識で取った行動なので説明ができないのだけれど、あ

とから話を作って、最初から意識して取った行動なのだと自分で思い込むということです。

商品を買った理由についても、ほとんどの人がこの作話をします。

最近あなたが買ったものをちょっと思い出してみてください。

その商品を買った理由は何でしたか？

たとえば、チューインガムを買ったとしたら、「そのあと打ち合わせがあって、歯が磨けないのでその代わりに」「気分転換をしたかったから」といった理由が出てくるかもしれません。でも、それは本当にその商品を買ったときに思ったことかというと、どうでしょう。実際は、なんとなくピンときて買っていたはずです。つまり、あとから理由づけをしていることがほとんどなのです。

先日ワンボックスカーを買った友達に「どうして買ったの？」と聞いたら「子どもも大きくなってきたし、夏に海水浴に行ったときに着替えるスペースがあるからいいと思って」と答えてくれました。でも、よくよく話を聞いてみると、本当は「店に入った瞬間、ひと目見て買うと決めていた」そうです。

実は商品を買うときというのは、合理性や正当性を論理的に考えて決断を下しているわけではありません。理由はうまく説明できませんが、感情が動いて「欲しい！」と思って買っています。でも、自分の取った行動には合理性・正当性があると思いたい。だから、あとから理由を作るのです。

ですから、「なぜ買ったのか？」という質問に対する答えは、それほどあてになりません。答えとして出てきた理由を並べてセールストークしたところで、残念ながら、人はそれだけでは買いたくならないのです。

チューインガムが「歯みがきの代わりになりますよ！」「気分転換になりますよ！」と一生懸命言われても、それだけでは欲しくなりませんよね。お客さまの立場で考えればわかると思いますが、いざ商品を売る側になると、「お客さまがこう言っていたのに、なぜ売れない？」「アンケートではこんなときに必要だと答えていたのに、なぜ売れない？」と思ってしまうのです。

それでは、買った理由を聞くのは意味がないのかというと、そんなことはありません。お客さまは商品を買った〝言い訳〟がほしいのです。自分の決断が正しかったと思いたいのです。その言い訳を作るのも手伝ってあげてしまうのです。

ワンボックスカーで言えば、「欲しい！」という気持ちになったあとに、「海水浴に行ったときに着替えるスペースもあるから、いいですよね」と教えてあげます。そうすれば、お客さまは「そうだ、だから私はこれを買っていいんだ」と自分の決断に許可を出すことができます。

つまり、**「論理はあと付け、感情が先」**。

まずはお客さまの感情を動かすことが先です。そのあとで、お客さまが買った正当性を論理的な理由で裏づけてあげるということです。

「ストーリーでモノを売れ」というのは本当。人はストーリーでしか感情を揺さぶられない

購買の瞬間までの、お客さまの感情を動かすにはどうしたらいいでしょうか。

人の感情を動かす要素には、色彩やデザイン、タイミング等もありますが、やはり決定的に力を持つのは言葉です。私たちは言葉によって心を動かされるのです。

なかでも大きな効果があるのは**「ストーリーで語ること」**です。これはよくセール

スレターのテクニックとして紹介されていますが、ここで言うストーリーとは、読んでいて感情を揺さぶられるものに仕上げていくものです。

次の2つの文章を比べてみてください。

1．私には借金が800万円ありました。

2．ある雨の日、田舎の母親から電話がありました。
「お父さんの体調が悪く、入院することになった」

普通なら心配で、いてもたってもいられないところです。しかし、このとき私の頭に思い浮かんだのは「死んだら保険金が入るかな……」ということでした。

「俺は何を考えているんだ！」

この考えを振り払おうとしましたが、どうしても消えません。当時の私はそのくらい借金に苦しんでいたのです。毎日かかってくる催促の電話で、ノイローゼ気味でした。

消費者金融から借りていた額は、約600万円。それだけではありません。私は「会社を立ち上げることになったから」と、田舎の両親を騙して200万円を借りていたのです。

どちらも内容は800万円の借金があったということですが、ストーリーで語った2のほうが、心を動かされたのではないでしょうか。そして、単に「私には借金が800万円ありました」と言われたよりも、長く記憶に残るはずです。

ストーリーを読んでいる（聞いている）とき、私たちはジャッジすることなく、素直に感情移入しています。だから感情が動き、記憶に残ります。人を好きになるのも、その人のストーリー（背景）を知ったときに好きになりやすいものです。

逆に、ストーリーでない部分については、私たちはジャッジしながら読んでいます。

「この人が言っていることは本当だろうか？」

「何か裏があるのではないか」

「ほかの商品のほうがいいのではないか」

聞く力のところでお話ししたように、自分の判断軸に照らし合わせている状態で、これが普通です。ところが、ストーリーにすると自然と感情にフォーカスができるようになるのです。

商品を作るまでの苦労やこだわり、商品化することになったきっかけのエピソード、商品を使ったことによる変化など、お客さまに伝える中でストーリーにできるものはあると思います。淡々と商品スペックを伝えるのではなく、ストーリーで語ってお客さまの感情を動かしましょう。

誰もが惹きつけられる感情ストーリーの型「ストーリーフォーミュラ」

ストーリーで語れと言われても、ストーリー化の仕方がわからなければ文章に落とし込むのは難しいと思います。そこで、ここでは誰もが惹きつけられてしまう鉄板のストーリーの型をお話ししたいと思います。

実は、ハリウッド映画や人気のある漫画・アニメなどに共通する、みんなが好きなストーリーの型というものがあるのです。これをセールスレターに応用したものが

「ストーリーフォーミュラ」と言われています。

なぜこの型がストーリーにするときに効果的かというと、多くの人がこのストーリーパターンを小さい頃から刷り込まれていて、無意識のうちに脳もパターン化されているため受け入れやすいからです。

【ストーリーフォーミュラ】

1. 同じ地点からのスタート
2. チャレンジ、そして失敗の連続
3. 偶然の出会い、もしくは発見
4. 成功の連続
5. 詳しい分析、メソッドの体系化
6. ほかの人も成功
7. 次はあなたの番です

私自身の起業の話をこのフォーミュラに当てはめてみるとこうなります。

1．同じ地点からのスタート

子どもの頃からこれといった特技もなく、あまりにも普通だった私は、２歳上のできすぎた姉がいたこともあって劣等感が強くありました。

就職は嫌だったけれど、起業なんて夢のまた夢。「俺はみんなと違うんだ」とうそぶきながら、普通に就職活動をしていました。でも、その就職活動中に面白い人間と出会ったことで起業することに決めました。仲間の事業プランに乗っかり、一緒にビジネスを始めたのです。

2．チャレンジ、そして失敗の連続

デジタルファッション誌を作って販売するという取り組み自体は話題を呼びました。しかし、全員がド素人だった私たちは、バカみたいに制作費をかけたうえに値づけを間違えて大赤字。ベンチャー企業が出資したいと言っていた話もＩＴバブルがはじけて頓挫《とんざ》し、何もかもがうまくいきませんでした。

私たちは借金を残して仲間割れしました。

何もすることがなくなった私は、毎日ぶらぶら過ごしていました。仕事も収入もない、ニートです。友人には「起業した」「社長になった」と言っていたものの、1年半も収入がゼロだったのです。

姉の叱責により一念発起し、WEBライターとして仕事を得るようになったものの、今度は締め切りに追われて休む暇がなくなりました。「このままではダウンしてしまう……」。締め切りのプレッシャーで胃液を吐きながら恐怖を感じていました。

3．偶然の出会い、もしくは発見

仕事に追われる生き地獄から抜け出したい一心で、ビジネスセミナーに通うようになったところ、平秀信先生に会いました。つたないアイデアをブラッシュアップしてもらい、「誰でも短時間でホームページを作ることができる商品」が完成。これがヒットし、私の生活は一変しました。連日の締め切りから解放され、1日数時間の作業でどんどん売上が上がるようになりました。

さらに、お客さまの中に実際にホームページを立ち上げてビジネスを始め、あっという間に大成功を収めた村上むねつぐさんがいたことがラッキーでした。彼と組んでセミナーをやるようになり、私の会社の業績はどんどん上がっていったのです。

ところが、会社が儲かっても私は手放しで喜ぶことができませんでした。お客さまにいつか見限られるのではないかと怖くてたまらなかったのです。そんなときに出会ったのが、平先生のメンターであるミスターXでした。

4. 成功の連続

ミスターXにはさまざまなことを教わりましたが、とくに重要だったのは「お客さまに対する執着を捨てなさい」ということでした。お客さまは自分のものではありません。選択権は常にお客さまにあるのだということを肝に銘じました。

そして、いまやっている「プロモーション」の方法を実践し、「ネットビジネス成功のメソッド」という商品が発売から12時間で5億円超の注文をいただくことができたのです。

私のマインドは変わりました。私のことを信頼し、商品を愛してくれるお客さまと交流を深め、この人たちにもっと素敵な体験をしてもらうにはどうしたらいいだろう。そんなことばかり考えて過ごすようになりました。その後も何度も億単位の売上を上げます。

5. 詳しい分析、メソッドの体系化

私は平先生やミスターＸに学んだこと、そして実践を通して吸収してきたことの中で、最も重要なものを「究極の理解」として抽出しました。自分を消して、お客さまを理解することこそ、成功の秘訣です。これさえできれば、どんなビジネスもうまくいくことを確信しました。それだけではありません。身の回りの人との人間関係も良くなりました。相手のことを理解するだけで、ほとんどの人間界の軋轢《あつれき》は解消します。「究極の理解」は、幸せに生きるための、究極の法則とも言えるのです。

6. ほかの人も成功

私の主催する講座やＫ２アカデミーでは、ビジネスのノウハウ、テクニックとともにこの「究極の理解」についてお話ししています。すると、受講生が次々に成功を収めるのです。起業して成功した、お客さまが増えた、単価が上がったなど、多くの喜びの声をいただきました。ビジネスで成功しただけではなく、親子関係が良くなった、

夫婦の絆が強くなったなどの声があり、私は1人でも多くの人にこの「究極の理解」を伝えたいという思いを強めました。

7．次はあなたの番です

「究極の理解」は、誰でも体得することができます。コミュニケーションが苦手だった私でさえ、できたのです。あなたもぜひ実践して、幸せな成功者になってください。

いかがでしょうか。この本ではページ数の都合上短くはしょっていますが、ストーリー化のイメージはできたのではないかと思います。

ポイントは「1．同じ地点からのスタート」とあるように、最初に読み手が共感できることです。「自分と同じだ」「その気持ち、わかる（自分もあり得る）」と思うから、その後の展開がすんなり入ってきます。アラブの石油王が会社を作った話だったら（それはそれで興味はあるかもしれませんが）共感できないでしょう。

いくらうまいストーリーを作ったところで、共感できない話を伝えても仕方ありません。私たちは小説家になろうとしているのではなく、お客さまの感情を動かしたいと思っているのです。

だからこそ、お客さまの現状に近い内容から話し始める必要があります。必ずしも境遇が同じである必要はなく、**感情が共有できればＯＫ**です。

先ほどの「借金が８００万円」の例で言えば、借金で首が回らなくなったことがなくても、「自分もお金に困っていたら、保険金のことが頭に浮かぶこともあるかもしれない……」と感じることはあるでしょう。

その後の展開も、武勇伝になったり、不幸自慢のようになったりしないよう注意する必要があります。あくまでも、お客さまの「現実」からずれないことが大切です。

ストーリーには読み手を惹きつける力がありますが、それでもお客さまは「共感できない」「この人は自分のことをわかってくれていない」と感じた瞬間に、読むのをやめてしまいます。共感ストーリーを語るためにも、前章でお話しした、**質問によってお客さまの「現実」を集めている**のです。

お客さまの「現実」を忘れずに書けば、ストーリー作りは難しくありません。簡単に言ってしまえば、登場人物がいて、時系列があればいいのです。

たとえば「○年前のことです。私は〜」と書き出せば、ストーリーにならざるを得ません。読み手も、「ストーリーが始まるのだな」という気構えで読んでくれます。ストーリーフォーミュラを使わなくとも、読み手を惹きつけることはできるはずです。

セールスレター鉄板の型は、顧客心理に沿って伝えるダイレクト・レスポンス広告

ストーリーに型があるように、セールスレターにも鉄板の型があります。

ダイレクト・レスポンス・マーケティング（DRM）の世界で、昔から大きな効果が実証されており、繰り返し使われている型です。

ここで、ダイレクト・レスポンス・マーケティングについて簡単に解説しておきましょう。

広告には大きく分けて2つあります。1つがイメージ広告。もう1つがダイレクト・レスポンス広告。「広告」と言ったとき、私たちがまず思い浮かべるのはイメー

ジ広告のほうだと思います。夏の太陽、きらめく汗、缶を開けるプシュッという音……というコカ・コーラのコマーシャルのように、商品や企業のイメージを想起させる広告です。

イメージ広告は「思い出してもらう」のが目的です。「そういえば、コカ・コーラ飲みたいな」と思ってもらい、売り場で見かけたときに「あのコマーシャルのやつだ」と思ってもらうのです。

一方、ダイレクト・レスポンス広告はそうではありません。**興味のある人に手を挙げてもらうのが目的**です。商品によって、直接購入する場合もあれば、まずは資料請求やサンプル請求、メルマガ登録などステップを踏む場合もありますが、いずれにしても見込み客にアクションをとってもらいます。

ダイレクト・レスポンスの名の通り、直接反応をとるということです。この広告を含めた一連のマーケティングをＤＲＭと言います。

すでに認知度も高いブランド商品ならイメージ広告のほうが効果がありますが、そうでない場合の広告は、ダイレクト・レスポンス広告です。たとえば、私がやっているＫ２アカデミーを宣伝しようとテレビコマーシャルをやっても、ほとんど効果がないでしょう。私が出てきて「一緒に学びましょう！」なんて言っても、東進ハイスクールじゃないんですから、「なんだあれは？」と思われてしまいます。

ここまでお話ししてきたように、**見込み客の興味に寄り添い、共感ストーリーで感情を動かし、購入の決断のサポートをする**ことが必要なのです。

そのダイレクト・レスポンス広告がセールスレターということになります。セールスレターは、基本的にはセールスマンが対面でする商品説明を、手紙の形に落とし込んだものです。

対面であれば、その場で質問に答えることができますし、相手の表情などから「いま疑っているみたいだな」「ちょっとよくわからなかったみたいだな」と察することができますが、ネットやＤＭ（通信販売）ではそれができません。

ですから、読み手の心理を想像し、最初から最後までその心理に沿って伝えていく必要があります。読み手の疑問・反論はセールスレターの中ですべて解決し、決断を促すところまでやらなくてはならないのです。

そういう意味ではなかなかエネルギーがいる作業なのですが、お客さまの感情を引き出し、「現実」を集めてきたあなたなら、それほど苦労せず書けるはずです。効果の高いセールスレターの型を利用しながら、書いてみてください。

お客さまの買わない理由をすべて消していき、買う気にさせてしまう効果の高いセールスレターフォーマット

セールスレターにも、ストーリーフォーミュラ同様、型があります。セールスレターでは、お客さまの悩みや不安を打ち消し、買わない理由を１つひとつつぶし、買ったあとの姿を想像できるようにし、最後まで読んでもらえる文章を書く技術が必要です。しかも、お客さまをセールスレター１つで成約してもらわなければ意味がありません。

しかし、すでにお客さまの悩みや不安、願望といったものは、「お客さまの現実」として引き出していますから、それをこれから紹介する基本的な型にのっとって書いていけばいいだけです。

セールスレターに必要な要素は、全部で14個あります。

【効果的なセールスレターに必要な要素】

1. キャッチコピー
2. サブキャッチ
3. 現状
4. うまくいかない原因
5. 解決策
6. オファー
7. ストーリー
8. お客さまの声・推薦文
9. 商品詳細
10. 強い約束
11. 価格
12. 限定性
13. ビジョン
14. 追伸

それぞれ簡単に解説していきましょう。

１．キャッチコピー

見込み客の興味を惹く言葉を最初にバーンと持ってきます。まずは興味を持ってもらわないことには、先を読んでもらうことができません。見込み客を強烈に惹きつけるキャッチコピーが必要なのです。見込み客にとっての「利益（メリット、ベネフィット）」「興味性」を意識します。

同時に気をつけたい点は、信憑《しんぴょう》性のバランスを意識するということです。見込み客が「えっ！　ウソでしょ⁉」と思ってしまうくらい、興味性の高い言葉を持ってきたいのですが、完全に「ウソだ」と思われたら終わりです。

「５日でスリム！　ウエストマイナス８センチ」と言われたら、にわかには信じがたいですよね。それなら、キャッチコピーと同時に証拠を見せるなど、信憑性を上げるようにします。

2．サブキャッチ

キャッチコピーと本文をつなぐ役割を持った短めの文をサブキャッチと言います。キャッチコピーの補足でありながら、次を読みたくさせる文です。

たとえば「ただし、過去に一度でも今より痩せていたことがある人限定」というのは、キャッチコピーの補足をして「5日でウエストマイナス8センチ」の信憑性を挙げつつ、「どういうことだろう？」と次の文章を読みたくさせます。

3．現状

見込み客が感じている現状を語ります。悩み・不安がある、または願望が叶えられていない現状です。共感しながら読めることに加えて「へぇ、そうなんだ」と思えるような、新たな情報が入っているといいですね。

たとえば「世界の肥満の調査が始まって以来33年の間に、肥満人口を減らすのに成功した国は1つもないそうです」といった情報が入っていると、興味深く思いながら先を読み進められるでしょう。

この部分は最初の共感を得ることと、次の「うまくいかない原因」への橋渡しの意味があります。

4. うまくいかない原因

現状、うまくいっていないのはなぜなのか。原因を提示します。

ここで重要なのは、「あなたのせいではない」と伝えることです。「摂取したカロリーより消費したカロリーのほうが多ければ痩せます。あなたが太っているのは、あなたが怠惰だからです」なんて言ってしまえば、その瞬間に読み手は離れていきます。仮に「その通りだな」と思える内容だったとしても、「あなたには言われたくない」と感じるでしょう。そうではなくて、「今まであなたが痩せられなかったのは、こういうダイエット法が間違っていたからです」と伝えるのです。

うまくいかなかった原因として敵を挙げるわけですが、この敵を競合他社の商品にするのは、悪口を言っているようになってしまうのでお勧めしません。むしろ、過去の自社商品にして「当時の私たちはこういう点に気づいていなかった」と正直に伝えると信頼度が高まります。

5. 解決策

うまくいっていない現状を変える、解決策です。先に挙げた原因のせいでこれまでうまくいかなかったけれど、この解決策によってうまくいくのだと伝えます。

6. オファー

オファーとは提案、申し出ということです。このセールスレターで最も伝えたいのはここです。

ここまで「現状」「うまくいかない原因」「解決策」の流れで、どうすれば現在の問題が解決するかがわかりました。そこで、具体的な提案をするわけです。「5日間○○するだけでウエストが引き締まるダイエットプログラムを提供します」というのがオファーです。

7. ストーリー

具体的なオファーを提示したあとに、ストーリーです。ここでようやく自己紹介が始まるような感じです。

「つい1年前の私は身長155センチ体重65キロ。子どもの頃は標準体型だったのに、良く言って『ぽっちゃり』になっていました。試したダイエットは、○○、××……。評判のスポーツジムにも通ったし、流行りのデトックスもやりました。そのときはちょっと痩せるのですが、すぐに元通り。なんだか水を飲んでも太るように思いました……」

商品が生まれたきっかけや、商品提供者自身が過去に悩んでいたことなど、ストーリーで語って共感を深めます。

8. お客さまの声・推薦文

ストーリーを読んだあと、見込み客が思うのは「でもそれは、誰にでも当てはまることではないのでは？」ということです。そこで、ほかの人も問題解決できたことを示すため、お客さまの声や推薦文を提示します。

お客さまの声は、仮名よりも本名で顔写真があったほうが信憑性が高くなります。仮名の場合も、性別・年齢・地域などできるだけ属性を掲載するようにします。

推薦文は、その分野の有名人や権威のある人からもらいます。「この人のお墨付きなら間違いないだろう」と思ってもらうのです。

どちらも見出しをつけて、全部読まなくてもポイントがわかるようにしておきましょう。

9．商品詳細

ここでようやく商品の詳細です。具体的なものとして何が手に入るのかわかるように、ビジュアルを見せます。ＤＶＤ３本のパッケージにガイドブックの表紙を並べたビジュアルなどです。

ここで重要なのは、商品スペックを伝えるのではないということです。あくまでも、お客さまが手に入れるものを見せると考えてください。具体的な商品内容のほか、この商品によってどういう結果が手に入るのかも示します。たとえば、

- 入らなくなった昔のジーンズが履ける
- ウエストにくびれができる

のように、箇条書きで見せるといいでしょう。

10．強い約束

読み手はまだ疑っています。「たしかにこういう結果が手に入ったらうれしいけれど、自分には当てはまらないのではないだろうか」「ほかにもっといい商品があるのではないだろうか」「買って失敗したらイヤだな」と考えています。

そういう見込み客に安心してもらうべく、この商品によって、望む結果が得られることを強く約束します。商品提供者の覚悟が表れる部分です。望む結果が得られなかった場合は返金を保証するなど、こちら側がリスクを取って、見込み客のリスクをできるかぎり取り除きましょう。

11．価格

商品の価格を、理由も合わせて提示します。理由とはたとえば、「この商品を制作するのにこれだけのコストがかかっているので」とか「類似商品の相場がいくらなのに対し、この商品はこういう価値があるので」といったことです。

それが高いのか安いのかわからない読み手のために、価値を通訳するかのように伝えます。

たとえば、「一般的なエステでウエストを8センチ細くしたいと思ったら、何回通っていくらかかる」のようにわかりやすい比較対象を出したり、いま問題解決しないことによる損失額を見積もったりして、商品の価値を理解してもらいます。お得感を感じてもらうことが重要です。

12. 限定性

感情が動いて「欲しい!」と思った見込み客は、価格も知って「この価格なら……」と具体的に「買う」という行動をイメージし始めています。ここで必要なのは、行動を促してあげること。

店舗で商品を選んでいる場合と違って、ネットやDMでは今すぐ買う理由がありません。いつでも買えると思うと、いま買うことをしないのです。ですから、いますぐ買うことができるように、限定性をつけます。販売数、販売期間を限定するのが基本になりますが、それに組み合わせて、「最初の1000個までは特別価格」「○月○日までにお申込みの方には特別プレゼント」のように、価格や特典で購入を促すことも多いです。

この限定性についても、理由を説明しておきましょう。

１日20個限定なのは、「私１人で作っているので」「原材料のこれこれが手に入らないので」と説明すれば、納得してもらえます。

ここで嘘はつかないことです。たまに「○月○日で販売終了」と言っていたのに、その日が過ぎても販売しているのを見かけますが、こういった約束が破られると次から信用してもらえなくなります。

13. ビジョン

最後にビジョンを語ります。見込み客がこの商品によって手に入れられる未来はどのようなものなのか、イメージさせてあげるようにします。そして、そのビジョンは販売者本人のビジョンでもあることをわかってもらいます。

「私は本気であなたが良くなることを望んでいるのだ」ということです。ここまですでに感情を共有している販売者と見込み客は、一緒に未来を作る同志のような存在です。

14. 追伸

最後の最後は追伸です。見込み客が手に入れることができる結果をまとめて、限定性を再度確認するなど、行動を促すダメ押しをします。途中を流し読みしていても、追伸はしっかり読む人が多いです。最後まで手を抜かずに、見込み客の決断をサポートしましょう。

ご紹介したセールスレターのフォーマットは、読み手の心理に沿っているから一般的に効果があるのですが、必ずしもこの順番の通りに伝えるのが一番いいというわけではありません。

たとえば超強力な推薦文がもらえたなら、その推薦文をキャッチコピー代わりに一番上に持ってくることもありますし、「効果がなければ全額返金」のような保証が強い魅力となるのであれば、それがキャッチコピーになります。価格を最初に出したほうがいい場合もあるでしょう。

これらセールスレターの要素の中で、見込み客が心をつかまれ、その次を読みたくなるのはどれなのか吟味する必要があります。

一番いいのは、**いくつかのパターンのセールスレターを作って、実際に見込み客に読んでもらう**ことです。リリースの前にテストをするのです。ここでも、自分の想像だけでは限界がありますから、直接聞くわけです。そして、最も反応の良かったパターンを採用します。

セールスレターは「読まない、信じない、行動しない」を前提に、お客さまの３つの壁をクリアする

プロのコピーライターが肝に銘じている言葉に、「**お客さまは読まない**（**聞かない**）、**信じない、行動しない**」というものがあります。

一生懸命いいセールスレターを作ったつもりでも、そもそもお客さまは読みません。つまり、読まないのが前提です。だから、お客さまの興味を突いて、読んでもらうた

めの工夫をします。

アメリカの伝説のコピーライターと言われるジョセフ・シュガーマンは、「広告の第1センテンスの目的は第2センテンスを読ませること。第2センテンスの目的は第3センテンスを読ませること」と言いました。

すべての文は、次の文を読ませる目的を持っているということです。最後まで止まることなく、滑り台を滑るように読み進めてしまうようなセールスレターを書く必要があります。

最後までスイスイ読んでしまうようなセールスレターは、読み手に考えさせることをしません。「これってどういうことだろう？」「これを自分に当てはめてみたらどうなるだろう？」といちいち頭を使わなくていいように、**ちょうどいいタイミングで疑問に答え、具体的にイメージできるようにしておく**のです。

たとえば「あなたの収入は3倍になります」と言われたら、「いま月収34万円だから、3倍ということは34×3で102万円だな。でも、この人は自分の収入は知らないんだし、どのくらいを想定しているのかな」と考えてしまいます。先を読まずに止まってしまうわけです。そうならないように、「いま30万円の人は90万円、50万円の人は

１５０万円」と先んじて伝えておくのです。

「読まない」をクリアできたら、次は２つ目「信じない」という壁があります。お客さまは読んだ内容を疑っているのが普通です。ですから、証拠を提示して、信じてもらう努力をします。証拠の画像、お客さまの声や推薦文がその一例です。

私はこの「『信じない』をクリアすること」が最も重要だと考えています。お客さまに信じてもらうことができなければ絶望的です。証拠はセールスレターのいたるところに埋め込まれている必要があります。証拠を積み重ねて、信じてもらうのです。証拠についてはのちほどまた説明します。

証拠を重ねつつ、それでも「信じられない」という気持ちを認めてあげることが大切です。「そうは言っても信じられないという気持ちはよくわかります」といった文言を入れて、読み手の気持ちに寄り添うようにします。

また、商品の欠点も正直に伝えるようにしましょう。完璧な商品はありません。その欠点を隠してセールスするのではなく、正直に言うのです。そのほうが読み手に信用してもらえます。

3つ目の壁は「行動しない」です。

「この商品、欲しいな」と思っても、その前にごはんを食べようとか洗濯物を取りこもうとかしているうちに忘れてしまうのがお客さまです。「限定性」によって、いますぐ行動することを促しましょう。

なかなか決断できないお客さまのために、猶予期間を設けるのも1つの方法です。一定期間は無料でお試しできるといったことです。お客さまは無料期間の間に決断すればいいので、気がラクになります。

そのほか、行動のハードルとなるものはできるだけ取り除きます。申込みまでのステップを減らしてシンプルにすることは大切です。住所の入力を何度もしなければならなかったら、途中でイヤになってしまいますよね。お客さまの属性によって電話・メール・ファクスなど申込みの手段を増やすことも必要かもしれません。

セールスレターを書くときは、この「読まない、信じない、行動しない」の3つの壁をクリアするつもりで書きましょう。

お客さまへの強い約束をして、あなたの商品を買う理由を作ってあげる

お客さまの3つの壁のほかに、商品側にある大きな壁は、**「違いがない」**ということです。

ほかにはない、その商品独自の強みをマーケティング用語でＵＳＰ（ユニーク・セリング・プロポジション）と言います。

もちろん、ＵＳＰは大切です。競合のない唯一無二の商品を販売しているというのなら、オファーが弱かろうが保証がなかろうが売れます。しかし、そんな商品はほぼ存在しません。モノも情報もあふれている現代では、似た商品が多い中でわずかな差を強調し、お客さまに選んでもらっているのが現実です。

ハッキリ言って、お客さまにとってはAを買おうがBを買おうが大差ないのです。しかも、商品を売っている本人も、ほかの商品との違いを明確に説明できなかったりします。それではお客さまはあえてその商品を選ぶ理由がありません。

だから、多くの人はＵＳＰを「発見」しようとします。似た商品が多いとはいえ、まったく同じ商品はないのですから、その違いを強みとして発見することも間違いではありません。

しかし私は、あえて**「ＵＳＰは作るもの」**と言っています。ＵＳＰ探しをしているヒマがあったら、誰よりも強い約束をすればいいのです。

この商品を買うと手に入るものを明確に宣言し、必ず実現できることを約束すればいいのです。

最も有名なＵＳＰと言えば、ドミノ・ピザの「熱々のピザを30分以内にお届け！30分以内に届かなかったら、代金はいただきません」というものでしょう。これによってドミノ・ピザは宅配ピザトップの地位に躍り出ました。まさに強い約束によってＵＳＰを作った例です。

ドミノ・ピザのように、約束は具体的である必要があります。

「痩せます」ではなくて、「5日間でウエストが8センチ減ります」

「収入が増えます」ではなくて、「6カ月以内に１００万円以上を稼ぐことができます」

そして、この約束が守られなかったときには、返金したり、さらには無駄にしてしまった時間への対価としていくら支払うと約束したりします。

そこまで言われたら、お客さまは申込まない理由がなくなります。

ビジネスを始めたばかりで信用が低いときほど、「まだ自信がないから……」と、表現をぼかしたくなるかもしれませんが、そういうときこそ強い約束が必要です。お客さまは、「人によるけど、たぶんうまくいきます」などと言っている人からは何も買いたいと思いません。**ビジネスは強い約束をすることから始まる**と言ってもいいくらいです。

最初はたしかに怖いと思います。でも、覚悟を持って踏み出してください。約束を守るために本気でお客さまのことを考えるようになるはずです。そして、真剣に取り組むことが自分自身を成長させていくのです。

圧倒的な証拠は金なり。誰もやらないからこそ価値がある証拠作り

先に少しお話ししたように、お客さまの「信じない」をクリアすることは最も重要な部分です。圧倒的な証拠を出すことができるなら、ほかの部分は多少弱くてもものは売れます。約束が強くなくても売れます。証拠にはそれだけ力があるということです。

しかし、多くの人がこの証拠を軽視しています。

証拠というと、「お客さまの声」「推薦文」が思い浮かぶと思いますが、それだけではありません。セールスレターの全体に証拠が埋め込まれている必要があります。見込み客が「本当かなぁ」と感じる部分は、証拠を見せてすべてクリアしていくのです。

たとえば、ストーリーの中に「昨年私の収入は3000万円を超えました」という話があったとき、それを証明する確定申告書類の画像を見せます。1つひとつ、本当

のことだとわかってもらうようにするのです。

こういった画像はもちろん、動画も視覚に訴えることができる証拠となります。デモンストレーション動画は強力な証拠です。

私が「誰でも短時間でホームページを作ることができる商品」の販売をしたときは、キャッチコピーのすぐ下にデモンストレーション動画を入れました。実際に5分くらいでホームページを作成しているという証拠の動画です。

パーソナルトレーニングジムのライザップは、お腹がぽっこりしているビフォー写真とお腹の筋肉が割れるくらい引き締まっているアフター写真を交互に見せるCMで話題になりました。あのビフォーアフター写真も、デモンストレーションです。

こういったデモンストレーションは、文章で説明するよりもわかりやすく説得力があるので、あなたも入れられないか考えてみてください。

証拠は金《きん》なり、です。金は希少だから価値があります。同じように、証拠も簡単に生産できるようなものではありません。「お客さまの声」にしても、実際に約束を果たし、お客さまといい関係を続けているからこそいただけるものです。

強い約束を言うこと自体は、いますぐ誰でもできます。でも、証拠を作るのには時間がかかります。ですから誰もやりません。しかし、**誰もやらないからこそ、価値が高い**のです。

難しいからやらないのではなくて、証拠を作るつもりでビジネスをしていってほしいと思います。

テクニックだけではお客さまに伝わらない。大切な人に伝える気持ちで書く文章が自然と感情を引き出す

この章では、顧客心理に沿った伝え方としてストーリーフォーミュラやセールスレターのフォーマットをお伝えしました。先人の経験と知恵が凝縮されたフォーマットはとても便利なものです。

ただし、ベースには共感があることを忘れてはなりません。このフォーマット通りに書いても、「売ってやろう」という気持ちで書いたものは読み手が不快になります。

不快にならずとも、「わかってもらえていない」と思った瞬間に離脱します。

お客さまのことを真剣に考えることなく、ストーリーを作ったりセールスレターを書いたりしてはダメなのです。

一時期、セールスレターの書き方の本や講座が流行りましたし、こういったフォーマットや書き方のテクニックは知っている人も多いと思います。

そして、残念ながら、読むと不快になるようなセールスレターが増えました。

それは文章にするまでのステップが足りていないからです。「リサーチ」と言ってしまうからよくわからなくなるのかもしれません。要は感情が入っていないのです。

お客さまの感情を自分のもののように味わうことなく、「そうか、こういう言葉に反応するんだな」「欲しい年収は８００万円なんだな」と思って文章に反映させたとしても、結局うまくいきません。

逆に言うと、これまでお話ししたような聞く力、感情を引き出す質問力を発揮して「究極の理解」ができていれば、自然にいいセールスレターが書けます。お客さまに感情移入するほど、いい文章になっていきます。

最も重要なのは、**大事な人に伝える気持ちで書く**ことです。それがあってこそ、テクニックが生きてきます。

それから、私が思う「面白いセールスレター」は、正直に書かれているものです。カッコつけたり、何かを隠しているものは面白くないし、感情が揺さぶられません。恥ずかしい過去や、今現在持っているあざとい気持ちなども正直に書かれていると、興味を持って先を読みたくなります。

もちろん、お客さまに一番スポットライトが当たっているのが前提ですが、そのうえで、「この商品をこのくらい売らないと、来月の家賃が払えなくなってしまう」みたいなことでも正直に言ってしまえばいいのです。「別に売れなくても困らないけど、お客さまのために提供します」という顔をして売るよりもよほど感情を動かされます。

商品のことや購入方法を理路整然と書いたものがセールスレターではありません。常に意識すべきは「相手の感情を揺さぶっているかどうか」ということです。

実践問題……感情を動かして買う決断をサポートする

▼**問題１**　あなたの商品を購入したことで、お客さまはどのような喜びを感じることができるのか具体的に文章にしてください。得たい結果を得ているところを、鮮明にイメージできるようにしてください。

▽**例**　はじめは、メールボックスが壊れたのかと思うかもしれません。メールの受信ボックスをクリックするたびに、大量の注文メールが洪水のように勢いよく流れ込んできます。

そのメール1通1通が、1万円札のようなものです。受信ボックスをクリックするたびに、大量の1万円札があなたのお財布に入っていくのです。

そのお金をどう使おうとあなたの自由です。

あなたの商品の価値が、そのお金を生んだのです。

海外リゾートで思い切り羽を伸ばすことも、広々と快適なマイホームを購入することも、これまで何かと助けてくれた両親に仕送りをすることも、イヤな仕事を辞めて起業することだってできます。

自分の人生を自由に決めることができる。それだけで、本当にストレスがなくなります。ｅｔｃ……。

▼問題２　１で書いた文章にさらに感情に関する言葉を加え、お客さまの感情を動かすことを意識して書き直してください。

▽**例**　メールの受信ボタンを右手でひとクリックしてください。
はじめは、メールボックスが壊れたのかと思うかもしれません。見たこともないくらい、画面いっぱいに未開封メールの太文字。大量の注文メールが勢いよく流れ込んできています。

その日からあなたは、メールボックスを開くのが楽しくてうれしくて、最高の喜びを感じられる瞬間になるはずです。

朝、目覚めた瞬間から、今日１日が楽しみでしかたないという、充実した心躍る毎日が始まるのです。朝一番のメールを受信するたびに、思わずガッツポーズをしてしまうかもしれません。

そのメール１通１通が、１万円札のようなものです。

受信ボックスをクリックするたびに、大量の１万円札があなたのお財布に入っていくのです。

そのお金をどう使おうとあなたの自由です。

あなたの商品の価値が、そのお金を生んだのです。

１カ月後、あなたは夢見心地で何度も通帳を見直すことでしょう。２カ月後、今まで経験したことのない桁数を見て、自信と達成感に震えるような喜びを感じることになります。ｅｔｃ……。

解説

商品を買ったあとの状態を、お客さまに具体的にイメージしてもらうための文章化トレーニングを取り上げました。

得たい結果を得られているところを鮮明にイメージができるほど、お客さまは買う楽しみを味わうことができます。買うことは、とても楽しいものなのです。「いかがですか？　買いませんか？」と言うのではなく、お客さま自身に想像してもらうことで、お客さまに楽しく買ってもらうことができます。

最初のステップで挙げた文章でも悪くはありませんが、もっとお客さまの感情を動かすには、感情についての言葉を多く使うことです。例文の1と2を読み比べてみると、2のほうが心を動かされる感じがするのではないでしょうか。「楽しみでしかたない」「心躍る」など、感情を表現する言葉をプラスしています。これは意識しないとなかなかできないかもしれません。作話の話はしましたが、普段私たちは論理的に説明することに慣れていて、感情に注目することが少ないからです。

ですが、感情を動かさないことには、お客さまは行動できません。大切なのは感情、感情、感情なのです。

お客さまが得たいと思っている感情に注目し、それに共感しながら書いてみてほしいと思います。

第5章

「究極の理解」スキルをさらに高める習慣

相手を100％理解し続けることは、終わりのない旅のようなもの

自分を消して相手を100％受け入れるという「究極の理解」は、とてもシンプルであり、誰でも体得することができるものですが、訓練は必要です。私自身も常にできているわけではなく、反省をすることもよくあります。

「究極の理解」は、終わりのない旅のようなものかもしれません。

でも、心配はいりません。

「究極の理解」について知り、相手を理解したいという気持ちさえあれば、必ずいい方向に向かいます。そして、実際に結果が出るので、訓練も苦ではなくなります。むしろ、喜びを持って、もっとスキルを上げたいと思うのです。

「相手を100％理解しようと頑張っているけれど、疲れてしまった」という人には、**「好きな人に好きなときにやればいいですよ」**と伝えています。

全員をお客さまにする必要はないし、お客さまの中でもとくにいい関係を続けたい

人にだけやるのでかまいません。１人でも２人でも、「究極の理解」によって信頼関係を築くことができたら、それが喜びになります。お金以上に報酬となるのです。だから自然に、信頼関係の輪を広げていきたくなります。

無理せず楽しみながら続けていきましょう。

この章では、「究極の理解」スキルを高めていくために、日常でできるちょっとした習慣について紹介します。

映画を観る、小説を読むことで、自分を忘れて登場人物に感情移入してみる

他人の感情を自分のもののように味わうことができる格好の教材が映画や小説です。

登場人物に感情移入している間、私たちは自分を忘れます。ジャッジすることなく登場人物の気持ちを受け止め、ときには共感の涙を流したりします。

映画や小説や自分とまったく違う環境、立場にいる人にも簡単に感情移入することができるのがすごいところです。

「聞く力」のところで、相手と同じ経験がなくても、似た感情を引き出して味わうことで感情を共有できるという話をしました。当然ながら、自分自身がさまざまな経験をしているほど、感情の引き出しは増えます。過去につらい経験を多くしている人ほど、共感力が高いのはそのためです。

とはいえ、1人の人間ができる経験にも限界があります。友人に裏切られた経験、会社を潰した経験など、しようと思ってするものではない経験もたくさんあります。それを疑似的に体験させてくれるのが映画や小説です。

何となくストーリーを楽しむのではなく、登場人物になりきって、感情を味わうようにしてみましょう。

私は石田衣良さんの『コンカツ？』（文藝春秋刊）や奥田英朗さんの『ガール』（講談社刊）など女性の恋愛や仕事について描いている小説をよく読みます。

どちらも男性の作家なのに、女性が「自分のことが書いてある」と思ってしまうくらい共感できる物語を紡いでいて、印象に残っています。

東野圭吾さんのように、感情の動きが克明に描かれるミステリーも好きです。

私は小説を読みながら、登場人物の背景を自分で作ってみるということをときどきやっています。

たとえば、ミステリーでは、犯人の生い立ちや子ども時代、過去の人間関係など背景をたどり、犯行の動機を探ることをよくやりますよね。そんな感じで、ストーリーの中には描かれていない背景を想像してみるのです。なぜこの登場人物はこういう言動をするのだろうか、どういう過去を持っているのだろうかと、主人公の敵役、邪魔者役も、そうやって背景を想像してみると理解できたりします。

ハリウッド映画の脚本を作っている人に聞いた話では、登場人物１人ひとりについて、出身や家族構成、子どもの頃のことなど詳細に設定しているそうです。映画の中にはまったく出てこないにもかかわらず、その人がどういう過去・背景を持っているのかまで具体的なストーリーがあるのです。

映画、小説を純粋に楽しむだけで十分いいトレーニングになりますが、登場人物の背景を想像するのも面白いトレーニングです。

映画や小説で感情が引き出されるシーンやセリフが、人それぞれ違っていることを知ることも大事

身近な人と、同じ映画を観たり小説を読んだりしたときは、その感想を話し合うと面白いことがわかります。

「泣ける映画だった」

「やっぱりあの俳優はかっこいい」

そんな程度の感想で終わらせるのではなく、感動した箇所、心を動かされた理由を話し合ってみます。すると、自分と相手で感動した部分が違うことに気づかされます。泣いたシーンも違うし、印象に残ったシーンも違ったりするのです。

宮崎駿監督の映画『ハウルの動く城』で、ある人はヒロインのソフィーが呪いをかけられておばあさんになり、それに対して驚かなかったという最初のシーンで感動し、「信じたくないような事実を潔く受け入れたソフィーは、なんてカッコいいんだろう」と泣きました。

またある人は、弱虫な魔法使いのハウルが戦場に向かう前にソフィーに言った「ようやく守らなければならないものができたんだ、君だ」という言葉に、守りたいものがあることの強さを思ってジーンとしました。

人によって反応するところが違うのは当たり前なのですが、こうして感想を言い合ってみると、あらためて気づかされます。そして、夫婦、恋人、友人などよく知っている間柄でも、「こういうところで泣くのか」「こんなふうに感動するのか」と**新たな発見をすることができる**のも面白いところです。

なにげない日常の風景も想像力を働かせれば、これまでとは違う感情が見えてくる

小説や映画の登場人物だけでなく、街で見かけた人の背景を想像するというのもよくやります。

たとえば、朝、駅のベンチで、大きなバッグを膝に載せ、化粧をしているパンツス

ーツ姿の女性を見かけたときに、「なぜこの人はここで化粧をしているのだろう?」と考え、想像してみます。

今日は取引先にて大事なプレゼンの日。もちろん、身だしなみをきちんとしなくてはいけない。プレゼンは服装や見た目も印象を左右するのだ。それなのに、寝坊をしてしまった。プレゼンの資料を仕上げるのに、深夜までかかったからだ。

本来、彼女は駅や電車で化粧をするようなタイプではない。人前で化粧をするのは恥ずかしいと思っているし、素顔にまったく自信がないわけでもない。普通の日の寝坊なら、すっぴんのまま会社に行って、会社のトイレで化粧をするところだ。

でも、今日ばかりはやむを得ない。忙しい朝の時間帯、駅のベンチで化粧をしている1人の女のことなど、みんな見もしないに違いない、と自分に言い聞かせ、急いでアイラインを入れる……。

正直言ってしまえば妄想のようなものですが、表情や服装、持ち物、雰囲気などの要素から言動の背景を考えてみるのです。

ほかにも、流行っている店に入れば、「なぜこの店に多くの人が惹かれるのだろう?」と興味を持って商品のレイアウトの仕方や外装・内装、スタッフの様子などを見ます。それぞれに背景・意図があるはずなので、それを想像しながら観察するのです。

楽しみながらこういった観察を繰り返していくと、仮説が立てやすくなります。「究極の理解」スキルが上がると同時に、ビジネスのヒントも見つかるかもしれません。

感情を引き出す「言葉」を学ぶことも大事だが、感覚を磨くには五感に意識を向けてみる

人が受け取る情報には、「視覚・聴覚・嗅覚・味覚・触角」の五感で受け取るものと、言葉で受け取るものがあります。

とくにネットを使ったビジネスをしていると、言葉の情報がほとんどなので、言葉

を磨く努力をする人は多いと思います。

私はWEBライターをしていた頃から、やはり言葉をものすごく意識してきました。類語辞典を使って最もしっくりくる表現を探したり、いいと思ったセールスレター内の表現や日常で気になった言葉をストックしたりしていました。

この本に載せた感情トリガー一覧も、お客さまの言葉に注目した結果、できたものです。お客さまとの対話（文字でのやり取りもあれば、スカイプ等で話すこともあります）の中で繰り返し出てくる言葉や、何となく引っかかる言葉を見つけ、それを掘り下げていくようにしてきました。

そうした自分自身の経験や、周囲の人を見ていて思うのは**「言葉に対する感度を上げるには、五感も磨くことだ」**ということです。

言葉を意識して磨くのはもちろん大切なのですが、それだけでは微妙なニュアンスを読み取ったり受け取ったりするのが難しいようなのです。

たとえば、ネット上のコミュニケーションが得意で対面は苦手、という人がいます。直接言ったほうが早いようなことも、メールで伝えたりします。対面のほうが見た目や声のトーンや、その人の醸し出す雰囲気などさまざまな情報があるから、文字だけよりもコミュニケーションがとりやすいと思うのですが、そういう人は違うようです。言葉を操ることが得意で、言葉の意図や背景を読み取るのにも長《た》けているのかもしれません。

でも、普段あまり五感を使っていないと、意外に重要なところで読み誤ったりします。科学的に説明できることではないのですが、おそらく、文字を読んでいて「なんか変だな」「引っかかるな」という自分の体の中の感覚がうまく働かないときがあるのではないでしょうか。

私はもともと体感覚派であるようで、風を感じたり、太陽のあたたかさを感じたりすることが好きです。外を散歩したり、カフェのテラス席にぼんやり座っていたりするのは幸せな時間です。

ですから、とくに意識して五感を磨こうとしているわけではないですが、自然と五感に意識を向けることをやっています。これがコミュニケーションの中でも生きている気がしています。コミュニケーションには言葉を使っているとはいえ、無意識に言葉以外の情報をたくさん受け取っているのです。

自然の中で風や光を感じたり、味や香りを意識して食事を味わったりというのは、リラックス効果もあります。言葉を磨くだけでなく、五感を磨くことも意識してみてください。

素直に受け止める自分でいられるために、自分の感情を書き出してみる

誰かの言葉に反応して、イラっとしたり、ザワザワしたりするのは、それは自分の中のブロックのしわざです。いつの間にか身につけてしまった、自分の正義やルールが、素直に受け取ることを邪魔するのです。

自分の持っている正義やルールは、心のザワつきをたどってみると見つけることができます。

たとえば、「自分にはセンスがないから」「センスのある人がうらやましい」などと、センスという言葉が出てくるとイラっとするとします。そのイライラはどういう感情

なのか書き出してみると、「センスがないと言って努力を放棄している人に腹が立つ」ということに思い当たります。

そして、どうして腹が立つのか掘り下げてみます。すると「みんな等しくポテンシャルは持っているはずだ。センスがあるように見える人は、陰で努力をしているのだ」という信念が出てきたとします。さらに、いつからこの信念を持っているのかまでたどることができれば、子どもの頃に親や学校の先生に教えられたなど、きっかけに気づくことができるのです。

それなら、そんなにムキになることはないのではないか？　自分だって「正しい」と思い込まされただけなのだ……。

そう思えるかもしれません。少なくとも、「自分はこういうときに過剰反応しがちだ」と気づくことができれば、前より冷静になることができます。

私はネガティブな感情だけでなく、うれしい、楽しいといったポジティブな感情も、それが出てきたときに「なぜ自分はいま、この感情を持ったのだろう？」と考えるようにしています。すると、「自由でいたいという気持ちが強いんだな」「でも、一人ではなく仲間と1つのものを作り上げるのが好きなんだな」などと自分が本来的に持っている願望に気づくことができます。

私たちは、正義やルールだけでなく、願望についても人から植え付けられていることがよくあります。

「出世したい」「世界を股にかけて仕事をしたい」「1億円プレーヤーになりたい」「仕事と家事・育児を完璧にこなせる人になりたい」「モデル体型になってモテモテになりたい」などなど。

しかしそんな願望も、いつの間にかそれがいいという世間によって思い込まされているだけかもしれません。

こうやって自分の感情を見つめるのは客観的にならなければできませんが、紙に書き出すことでそれが簡単になります。**感情をいったん紙の上に出すと、それを外から眺める感覚になれる**のです。

ですから、ときどき自分の感情を紙に書き出してみることをお勧めします。感情の動きがあったときに、手帳に簡単に書きつけるのでもかまいません。

「センスがないと愚痴る人に会った（怒りマーク）」

「大きなプロジェクトのリーダーを任された（テンションアップマーク）」……。

そして、頻繁に出てくる感情のパターン（センスという言葉でイライラしがち、など）に気づいたら、少し時間を取って掘り下げてみましょう。

この作業をやっておくと、相手の感情を掘り下げるのもうまくなります。


以上、私が人の感情や「究極の理解」を高めるために、なにげなくやっていることを紹介しました。このほかにも方法があるかもしれません。

ただ言えることは、こうした習慣は私にとって人生を楽しくさせる作業であり、人生を豊かにしてくれるものだということです。

希薄なコミュニケーションばかりになってしまった世の中に、相手の感情を１００％理解しようとすることは難しいのかもしれません。

でも、それを想像することは、ビジネスでもプライベートでもあなた自身を豊かにしてくれるものであり、ちょっと遠回りなようで、最も近い人生を豊かにする法則なのかもしれません。

実践問題……理解されたいことを書き出す

▼**問題1**　あなた自身が理解されたいと思っていることを書き出してください（誰に・理解してほしいこと）。

▽**例** 誰に……妻

理解してほしいこと……普段なかなか子どもの面倒をみることができないが、協力したい気持ちは持っている。ただ、どうしても仕事を優先せざるを得ないときがあることをわかってほしい。

飲み会だって、ただ酔っぱらって遊んでいるわけじゃない。気を使うことも多いし、疲れるのに「あなたはいいわよね」と言われる。妻は子どもの話ばかりするが、もうちょっと私の仕事にも興味を持ってほしい。

▼**問題2** 今度は1で書いた相手側の視点に立ってみます。相手になりきって、あなたに理解してほしいと思っていることを書いてください。

▽**例**　子どもはかわいいけれど、夜に出かけることはできないし、自分ひとりの時間を持つこともできないし、何だか私ばかり犠牲になっている気がする。夫の仕事が忙しいのはわかるが、ちょっとしたことでも手伝ってほしいことは山ほどある。「何かしてほしいことある？」と聞いてくれればいいのに。

子どもを中心とした狭いコミュニティにばかりいて、視野が狭くなっているのではと怖い。本当はもっといろいろなことに興味を持ちたいけれど、余裕がないことをわかってほしい。

解説

最後の実践問題では、「究極の理解」の基本に立ち返ってみました。あらゆる感情の根っこには、「理解されたい」というのは人間の根源的な欲求です。だから「究極の理解」は超強力なパワーを持っているのです。相手を理解することができれば、ビジネスがうまくいくだけでなく、身近な人との人間関係も格段に良くなります。

ここではビジネスにかぎらず、あなた自身が理解されたいと思っていることに目を向けました。自分自身のことを掘り下げれば、他人の理解されたい気持ちも想像しやすくなります。

さらに、相手になりきることもやってみましたが、いかがでしたか？　普段意識していなかった相手の感情に気づくことができたら成功です。自分をいったん消して、相手に入り込むことができています。

これは「究極の理解」を身につけるのにとてもいいトレーニングです。実際に取り組めば、確実にあなたの「究極の理解」スキルは上がっていくはずです。ぜひ繰り返しやってください。

おわりに

「究極の理解」のトレーニングの1つとしてよくやるのが、「愛が大事」対「お金が大事」に分かれて話をするというものです。

聞くレベル1の状態で普通に会話をすると、相手を説得しようとして軽くケンカ腰になります。

「お金がいくらあったって、1人だったらさみしいよ？　愛がなければつまらない人生だよ」

「そんなこと言っても、お金がなければ生きていけないんだから。愛、愛っていうけど、本当にまったくお金がなかったら、愛を感じる余裕さえないんじゃないの？」

「お金がないときにそばにいてくれる人がいたら、愛を感じるし！　あなたはお金がなかったことがないからそう言うんだよ」

「いや、あるよ。あるから言ってるんだよ」

話は平行線で、交わることがありません。飲み屋などでもよく見かける光景です。

これが、聞くレベルを上げてみるとどうなるか。相手の言葉の背景や意図を考え、感情に共感するようにしながら聞くようにします。すると、さっきまでケンカ腰だった2人が、涙ながらに「ありがとう」と言い合うのです。

「お金がなくて苦労したこともあったけど、そばにいて支えてくれた人がいたから、つらくはなかったんだね。お金ではなく、その気持ちにとても感謝した。愛を感じたんだね。だから、お金に余裕があるときも、その気持ちを忘れないようにしよう、誰か困っている人がいたら助けてあげようって思っているのかな、と話を聞いていて感じたよ」

そんなふうに言い合っている姿は、先ほどとは別人です。

ビジネススクールでのトレーニングですから、目的はお客さまを理解してビジネスを成功させることです。

でも、相手を理解して感謝された経験、そして自分自身理解してもらった経験をすると、自然と身の周りの人にも「究極の理解」スキルを使うようになります（最初は、身近な人ほど照れがあったりしてハードルが高いのですが)。

そして、ビジネスがうまくいくのはもちろんのこと、身近な人との関係が良くなったことを報告してくれる人がたくさんいます。

「自分で一からビジネスを立ち上げて収入を得られるようになったのはもちろんうれしいけれど、それまでうまくいっていなかった母親との関係が良くなったことが私にとっては大きかったです」

「10年以上仮面夫婦だったのに、恋人だった頃のような時間が戻ってきました」

こういった声を聞いて、私は「究極の理解」こそ、社会を良くするのではないかという気持ちを強くしました。

お客さまのことを本気で考える人が増え、家族や友人とわかり合える人が増えたら……。

「いい大学を出ていい会社に入り、一生懸命働けば豊かになれる」といった共通のストーリーが崩れてしまい、先行き不透明で将来を不安に思わせるようなニュースが多い現代でも、あたたかな春の陽だまりのような明るい未来を感じることができるのです。

世の中のさまざまなストレスの根本には、「自分をわかってもらえていない」というものがありますが、同時に「自分が相手をわかることができない」もあると思います。それは裏表の関係のようなものです。

相手の「現実」を知らないし、受け入れることができないから、「何であいつはこうなんだ」「どうしてこんなこともできないんだ」とイライラしてしまいます。要するに、わからないのです。

だから、相手の「現実」を受け入れ、自分の「現実」を広げていくほどストレスが減っていきます。

「究極の理解」は、自分を消す必要があるという話をしましたが、いったん自分を消して相手を受け入れることは、どんどん器を大きくすることになります。

器の大きな人間は、ちょっとしたことでイライラしません。さまざまな変化にもしなやかに応じることができ、静かな自信ある態度に多くの人が惹かれます。

余計な正義・ルールに縛られていないから、フラットに現実を見据えることができます。そして、本当に自分のやりたいことに突き進むことができます。

自分を消すことで、自分らしくなくなるのではなくて、本当に自分らしくいることができるようになるのです。

私はK2アカデミーでも「自分らしくいることが社会貢献になる」のを理想として掲げていますが、そういうことです。

最後に、個人的なことですが、私自身の夢について少しお話させてください。

いまは「伊勢さんのようになりたい」と言ってくれる人がいますが、私は取り立てて才能に恵まれているわけでもなく、普通で平凡な人間です。人とは違うことをしたい、自由になりたいという気持ちで起業しても、1年半も収入がなくニートのような生活をしていたくらいです。

そんな私が今こうして本を書き、メッセージを届けることができるのは、インターネットを使ったビジネスで小さな成功を収めることができたおかげです。時間、お金、場所の制約を受けずに自由に働くことができるようになり、それを1冊目の本『お金と時間と場所に縛られず、僕らは自由に働くことができる。』にまとめました。

ありがたいことに「ベストセラー」と言ってもらえるくらい、多くの人に読んでいただくことができました。読んでくださった方、応援してくださった方にとても感謝しています。

でも、ごめんなさい。

その1冊目を少しだけ否定するようなことを言います。

インターネットの価値は、本当は「豊かな私たちが自由になる」ことにあるのではありません。

本当の価値は、世界の経済格差をなくして、フラットにできることにあると私は思っています。

通常、同じ1万円を得るにも、日本で稼ぐのとミャンマーやバングラディッシュなどの発展途上国で稼ぐのとでは、かける労力も時間も大きく違います。

たとえばミャンマーで1人の市民がバイクの運転手をしたり、観光客相手に土産物を売って1万円を稼ごうとしたら、1カ月間働きづめに働いても足りません。国自体が貧しいので、国内で稼ぐのも限界があります。かといって、ほかの国からお金を引っぱってこようとしたら、寄付や工場の誘致などは考えられますが、なかなか個人でできるものではありません。

でも、インターネットを使って英語のサイトを作ったとしたら、それが英語圏の国々で見られることになります。たとえばアメリカで表示され、アメリカの広告が出ます。つまり、自分の国にいながらにして、アメリカ人のお財布から直接お金を得ることができるようになるのです。

これは過去に一度もなかった事態です。インターネットは、世界に存在する経済格差を解消する可能性を持っているのです。

世界中で、一個人が自分で生活の糧《かて》を得られること。

これが実現できたとき、世界は本当にフラットになるはずです。

私はこのインターネットの価値を活かすべく、発展途上国へ直接出向いて教えるということを始めています。たとえば、先日はミャンマーの英語学校で10代20代の若者を相手にインターネットを使ったビジネスについて講義させていただきました。彼らは目を輝かせて話を聞き、課題に取り組んでくれました。

今後は、こういった海外での講義を増やしていきたいと思っています。

このとき重要なのは、単にお金を稼ぐ方法のみを教えるのではなく、「お金を稼いでどうするのか」「ビジネスを通じて何を実現したいのか」といった、生き方についても深く考えてもらうようにすることです。「お金を稼いでハーレム作りました」なんていう人を増やすことが目的ではないからです。

さらに言うと、「生き方の授業」なんていうとおこがましいけれど、お金だけではない人生をしっかり考えてもらうことは、必ずセットにしなければならないと思っています。

インターネットは本当に世界を変える力を持っている」ことを私が証明することによって、業界全体を浄化するミッションを持っています。

インターネットはまだまだ新しいツールであり、インターネットマーケティングの業界は成熟していません。情報は玉石混交でハッキリ言ってゴミのようなものもたくさんあるし、使い方によっては人を傷つけることだってあります。

だから、「インターネットビジネスなんてあやしい」「インターネットはあぶない」なんていうネガティブなイメージを持った人は多いと感じています。

実際、日本でも海外でも、私が本当にやりたいと思っているインターネットの授業の話が、途中で頓挫《とんざ》してしまったことは何回もあります。最初の頃は私も心が折れそうでした。
でも、「わかってくれる人だけでいいや」と思ったら、インターネットの本当の価値を証明することはできません。大変なことはたくさんあるけれど、仲間と一緒に乗り越えていこうと心に決めました。業界全体のポジションを上げないと未来はないと思っています。

業界全体のポジションを上げ、インターネットの本当の価値を活かして世界を変える……。この夢を実現させるためには仲間が必要です。私ひとりではとてもできることではありません。だから私はいま、この本に書いたようなことを一緒に広めてくれる仲間を心から求めています。
そして将来は、仲間の1人がノーベル賞をとったらいいなぁなんて妄想しています。もし共感してくださる方がいたら、ぜひお会いしましょう。

少々暑苦しくなりましたが、最後までお読みいただき、本当にありがとうございました！　あなたといつか実際に会える日を楽しみにしています。

<著者プロフィール>
伊勢隆一郎（いせ・りゅういちろう）

1979年、埼玉県川越市生まれ。セールスコピーライター、マーケター。ビジネススクールＫ２アカデミー代表。

大学時代に仲間と起業するも失敗。借金だけが残り、引きこもりのニート状態に。親からの視線に耐えられず、友人の家に3年間居候させてもらい1日100円以下の食費で毎日を過ごす。なんとか1人で食べられるようになりたいと、HP制作会社にコピーライターとして売り込み、生まれて初めて13万円の仕事を受注。そのとき起業して1年半が経っていた。

その後、コピーライターとして実力をつけ会社設立。その後インターネットを使ったマーケティングで短期間に売上を上げる手法を学び、2005年には売上１億円を突破。2009年には、たった12時間で5億円の注文を受けつけ、一躍ネット界では知られる存在となる。

2013年より起業支援を目的としたビジネススクール「Ｋ２アカデミー」を設立。起業したいが何から始めていいかわからないという人たちに、オンライン講座を中心に２年半で1000人以上の起業支援を行っている。

著書に『お金と時間と場所に縛られず、僕らは自由に働くことができる。』（フォレスト出版刊）がある。

◆ホームページ　http://www.rise-inc.jp/
◆K2アカデミー　http://k2innovation.com/

〈編集協力〉小川晶子
〈装丁〉小口翔平（tobufune）
〈カバーイラスト〉金井淳
〈DTP・図版作成〉沖浦康彦

人は感情でモノを買う

2015年8月18日　　初版発行

著　者　伊勢隆一郎
発行者　太田　宏
発行所　フォレスト出版株式会社
〒162-0824 東京都新宿区揚場町2-18　白宝ビル5F
電話　03-5229-5750（営業）
03-5229-5757（編集）
URL　http://www.forestpub.co.jp

印刷・製本　中央精版印刷株式会社

ISBN978-4-89451-677-9　Printed in Japan

著者の好評既刊本

お金と時間と場所に縛られず、僕らは自由に働くことができる。

伊勢隆一郎──著

ISBN978-4-89451-575-8
定価：本体 1300 円＋税

現状から抜け出したいけど、なかなか一歩が踏み出せない。
お金の不安から抜け出したいけど、自分ひとりで稼げる自信がない。
あなたの人生を 180 度変えるビジネスマインド、
お金と時間と場所に縛られない自由な働き方が得られる！

元スターバックス CEO
岩田松雄氏 推薦！

「ノマドとは違う自由な仕事をしたい人は、ぜひ読んでほしい。
この本には、あなたがを変えてくれる新しい考え方が詰まっている」

【本書の内容】

- 第１章　誰だってお金を稼ぎたいし、現状から抜け出したい！
- 第２章　どこにでもいる平凡な私でも一瞬で５億円を稼げた
- 第３章　あなたが自由に働くために必要なマインド
- 第４章　あなたが自由な働き方を手に入れるために必要なメソッド
- 第５章　あなたもお金と時間と場所に縛られない働き方ができる